「気にしない」女はすべてうまくいく

有川真由美
ARIKAWA MAYUMI

はじめに

「なんでそんなに気になるの？」

あなたは、「気にしたくないのに、つい気になってしまう」ということがありませんか？

たとえば、「あの人に言われたひと言が気になって、クヨクヨと考えてしまう」

「『こんなこと言ったらどう思われるのか』と気にして、言いたいことが言えない」

「『なんであんなバカなことをしてしまったのか』と後悔をいつも引きずってしまう」

「抱えている仕事のことがあれこれ気になって、夜もぐっすり眠れない」

……というように、私たちはさまざまなことを〝気〟にとめます。

「気にする」ということは、いわば、〝危険察知センサー〟のようなものです。

古来、私たち人間は、自分を守り、生き延びていくために〝いいこと〟よりも〝よくないこと（危険なこと）〟を察知して、記憶にとめておく必要がありました。

とくに女性は、子どもを産み育てながら、自分の居場所を守っていくために、危険なこと、衝撃を受けそうなことにあれこれと目を光らせて、警戒してきたのです。「これってヤバいよね」ということには、自分を守るために、敏感に反応する仕組みになっているわけです。男性よりも女性のほうがさまざまなこと、細かいことに気がついたり、勘が鋭かったりすることがあるでしょう。

昨今はとくに「気にしすぎる女《ひと》」が増えているように感じます。

それは、これまで家族や地域、強い情でつながった職場など、持ちつ持たれつで、目を光らせてくれていた〝監視社会〟〝安心社会〟が崩壊して、自分自身で自分の身を守る必要が出てきたことも関係しているのかもしれません。

かつては、厳しいことを言う人がいても、そんなものだと受け入れたり、人からはずれたことをしても、なにかと助言したりしてくれる強固な人間関係があったために、のほほんと生きられる安心感があったのでしょう。いいか悪いかは別として。

しかし、〝個人化〟が進んだ現代は多くの人が沈黙しています。

自分のことを守ってくれる存在も含めて、「この人はいい人なのか？　悪い人なのか？」と猜疑心《さいぎしん》をもったり、「自分はどう思われているのか？」「取り残されていないか？」と自分のことにも〝気〟を向けたり、「みんなはどうしているのか？」と情報を気にしたりすることで、本当に忙しい。同僚や友人のなにげない言動や、LINEの返事、SNSの内容、コメントまで、いちいち気にする人が少なくありません。

自由な個人化の時代だからこそ、まわりに合わせよう、失敗しないようにしよう、傷つかないようにしようと、逆に不自由になっているパラドックスが起きているようです。

仕事をすること、結婚や子育てをすること、学ぶこと、遊ぶこと、なにかのイベントをすること……まわりの反応や体裁ばかりを気にして、本質を見失ったピントはずれの努力をしていることが多々あります。

「気にすること」で莫大な時間とエネルギーを奪われてしまっているのです。

「気にすること」、それ自体がよくないことではありません。

「気にかける」「気を配る」「気遣う」「気を利かせる」というように、自分やまわりの人が心地よくあるため、よくないことが起きないようにと感じとることが、いい方向に作用することもあります。

しかし、「気にしすぎてしまう」と、それが〝猛毒〟になって、私たちの心と体を蝕むようになります。

気にしすぎているときは、自分にとっての明るい方向にすんなり進めなくなっているとき。クヨクヨ、イライラしながら進むのは、アクセルとブレーキを同時に踏んでいるようなものです。

伸び伸びと振る舞えずにパフォーマンスが下がったり、よくないことを招いたり、人のことを恨んだり、自分に自信がなくなったり……と、ロクなことはありません。

なにより、気にしすぎているときは、幸せを感じる〝いま〟の時間を失っています。クヨクヨ、イライラといった感情に支配されたままで、大切な時間を無駄に過ごしてしまうのです。

「気にしない心」はだれでも手に入る？

私たちが「気にすること」のすべては、「ひどい！」「そんなの嫌《いや》！」「こうなったらどうしよう」といったネガティブな〝決めつけ〟から始まります。

〝決めつけ〟とは、思い込み、自己判断、偏見、解釈など、自分で勝手にしているものの見方のことです。

他人から見ると、「そんなに気にしなくてもいいのに」と思うことでも、自分のなかで「これは大変なことだ」と決めつけることで、気になってしまうのです。

自分で〝決めつけ〟ているのですから、自分でそれをなくすことも可能です。いいえ、自分自身でなければ、その思考パターンをストップすることはできません。


【気にしすぎを生み出す思考パターン】とは、次のようなものです。

1　すべては勝手な〝決めつけ〟が始まり
2　感情（怒り、不安など）がざわつく
3　そこにしか目が行かなくなる（執着）

たとえば、だれかから言われたひと言が気になってクヨクヨしてしまうとき。

「ひどい言い方だ！」「無神経な人だ」「私は嫌われている」といった〝決めつけ〟か

ら、怒ったり、悲しくなったり、不安になったりしてしまいます。

そのひと言だけがクローズアップされて、相手への嫌悪感や不安でいっぱいになり、相手のいいところは見えなくなってしまうでしょう。

家に帰っても、寝るときも、「なんであんな言い方するの？」「ほかの人との扱いが違ってない？」「私、なんかした？」などと、ぐるぐる答えのない問いをくり返します。

しかし、はたして、その〝決めつけ〟は正しいのでしょうか？

本当は、相手にとっては、それほど悪意のないひと言だったかもしれないのに。


また、まわりの目が気になって言いたいことが言えないとき。

「こんなことを言ったら、みんなから面倒な人と思われるはず」「まわりと調和しなければ」「どうせ自分の言うことなんかだれも聞いてくれない」などと〝決めつけ〟ています。と同時に、まわりへの〝恐れ〟の感情が大きくなって、口をつぐんでしまう。

でも、その〝決めつけ〟は、勝手な〝妄想〟にすぎません。

本当は、理解してくれる人、賛成してくれる人がいるかもしれないのに。

そして、「気にしすぎ」の根底には、「自分のことが信じられない」「他人のことが信じられない」「世の中のことが信じられない」という気持ちが潜んでいます。なんらかの危険を察知したときに、「自分ってダメな存在だ」「あの人はいつもキツい言い方ばかりする」「みんな、冷たいし……」と、自分、他人、まわりへのマイナスのことがクローズアップされて、悲観的に考えてしまいます。

もし、自分の〝決めつけ〟を「待てよ。そんなことないかも」と思えたら？
イライラ、クヨクヨする感情を、自分なりの方法で解消できたら？
大きな視点で見て、「こんなの、たいしたことない」と気楽に思えたら？
「自分はこのままでもなんとか生きていける」と自分を信頼できたら？
「まわりの人はそれほど冷たくないし、助けてくれる」と人を信頼できたら？

そんなところに、〝気にしすぎ〟の思考にストップをかけるヒントがあります。
現実は変わらなくても、自分が柔軟に考えて動くことで、「気にするほどのことではない」と思えるようになるのです。

「気にしない人」がうまくいくのはどうして？

「気にしない」というのは、やわらかく考える心のクセをもつことです。

「そこは気にしなくていい」と手放す習慣をもつと、さらりとした心を保ちながら、さらりとした対応ができるようになってきます。

そう、「気にしないこと」は、感受性をなくすことでも、我慢することでも、強くなることでもありません。

〝視点〟を変えることなのです。

人やものごとに対する見方を変えると、摩擦がとりのぞかれて、〝さらり〟とした関係ができていきます。

「気にしない人」は、相手がどうの、世間がどうの、という〝被害者意識〟はなく、恐れや不安、嫌悪感など心の摩擦があまりありません。「あぁ、そうなんだ」と現実を認め、受け入れながら、自分の道を明るく、しなやかに歩いていきます。

「私はこんな人ですから」と自然体でいるので、ブレーキを踏むことなく、アクセルを踏ん張ることもなく、まわりの後押しを得ながら、さらりと進んでいけます。

外野の声に振り回されず、時間やエネルギーを奪われずに、言いたいことをさらりと伝えたり、自分のしたいことに焦点を合わせて、じっくりと打ち込んだりします。「気にしない習慣」を実践することで、まわりの反応や、ものごとの結果は、明るく変わっていくのを実感するはずです。

ものごとの〝視点〟を少しだけ変えて、自分のなかの〝決めつけ〟や〝悪感情〟をとりのぞいてあげることで、いいことも起りやすくなってくるというプラスの循環が生まれるのです。

かくいう私も、もともとは気にしてばかりいる性格でした。

子どものころから大人の顔色を窺《うかが》ったり、転職するたびにその場の空気に合わせようとしたりしていたことも関係しているのかもしれません。

「いい人」であろうとして、自分の意見を言えず、作り笑いをしながら、毎日を過ごしていました。

いまだに、厳しい言い方をする人、上から目線の人などに、ビクッとすることがあります。小さな失敗にクヨクヨしてしまいそうになることもあります。

つい気にしてしまう人の気持ちは痛いほどよくわかります。

でも、気にしてばかりいる自分にほとほと疲れ果て、「もう気にしない人になる！」と決めたことから、ものごとがうまく回り始めました。

ひとりで上京して、作家という仕事を目指したのも、世間の目や評価を気にしないことにしたから。いまでこそ本を書くようになっていますが、当初は生計が立てられなくて、世間でいう貧乏な生活をしたり、なりふり構わず、人の嫌がるようなアルバイトをしたりしていました。

アルバイト先で怒鳴られても、「これもバイト料の一部」「こんなことは長くは続かない」と思っていたので、意外に平気でした。

どんな道を行くにしても、人の目、人の言葉をいちいち気にしていたら進めないもの。本当に大切なことに心を配るためにも、こだわらなくてもいいことはあっさりと手放したほうがいいのです。

この本は、〝気にしすぎ〟から卒業するための、さまざまな方法を集めました。

「これは、いまの私に必要」「これならカンタンにできる」といったものから、どんどん取り入れてみてください。

「気にしなくなる」ということは、自分と人に対するやさしい心と、賢い知恵を磨いていくトレーニングでもあります。

あなたが、「気にしない心」を手に入れることで、いまよりももっと魅力的な人になって、毎日をご機嫌に過ごすことを心から願っています。

有川真由美

もくじ

「気にしない女」はすべてうまくいく

第2章　他人の目や、まわりの情報を〝気にしない〟

第3章 自分のコンプレックスを〝気にしない〟

第4章　仕事やプライベートでうまくいかないことを〝気にしない〟

第1章

他人のカンにさわる言動を〝気にしない〟

「あ、イラッとした！」と、自分の心の動きを実況中継する

もし、あなたが「気にしない人」になろうと思うなら、最初の一歩は「もうひとりの自分」になって、自分を見てみることです。

「気にしていること」に気づかないと、気にし続けたままですから。

これを心理学用語で「メタ（高次の）認知」といって、ストレスなどに対処する方法として使われます。

冷静なときはだれでも無意識にやっていることで、問題があったときは、「大丈夫。たいしたことじゃない」「なんとか乗り越えられる」「しんどくなったら、やめればいいし」などと自分なりに解決して進んでいくでしょう。

しかし「気にしてしまう」というときは、大抵、恐れや不安の〝感情〟が暴走しています。感情は「自分と相手（物事）」の主観的なものなので「そんなの、やだーっ！」と

目の前の危険を〝過大評価〟して、適切な判断と行動ができなくなっています。売り言葉に買い言葉で余計なことを言ったり、捨てばちの行動をとってしまいがちです。

それを、「もうひとりの自分」の客観的な視点から「ちょっと待ったー！」と見てみることで、感情のコントロールができるようになる、というわけです。

「もうひとりの自分」は〝賢くて、心優しい親友〟で、ときどき登場すると考えるといいでしょう。たとえば、人がカンにさわることを言ったときは、上から自分を眺めて、「うわ。いまの、結構イラッときたよね」と実況中継するイメージです。

「顔がカーッと熱くなってきたね。脈拍が上がってるかも」

「呼吸が浅くなってきたから、深呼吸して一旦、その場から離れましょうか」

「こんな人は、いくらでもいるものよ。嫌味な性格だから仕方がないわね」

などと自分にアドバイスも送ります。

「あの人はひどい！」と相手への視点を、「いま、結構イラッとしている」と自分の心に視点を移すだけで、なんとなく気が紛れて、ふーっと肩の力が抜けていきます。

自分の心の動きを見つめることで、暴走する感情にストップがかかるのです。

「気にしないようにしよう」だけでは解決しない

私たちは、だれかの言葉や行動がカンにさわるとき、〝知らず知らず〟のうちに、気にしてしまうのではないでしょうか。

意識的に「よし、気にしよう！」と考えて気にする人はいないでしょう。

たとえば、「コンプレックスを指摘されたとき」「上から目線で嫌味を言われたとき」「理不尽なことで叱られたとき」「ないがしろにされたとき」「裏切られたとき」などなど、他人の言動に怒りや不安を覚えることがあるでしょう。相手の顔を見てムカついたり、ビクビクして自然に振る舞えなかったり、なにをしていても、ふと思い出してため息をついたり……。

「気にしないようにしよう」と考えても、気になってしまうはずです。

それもそのはず。心のなかにある〝わだかまり〟は消えていないのですから。

これは、ケガをした状態と似ているのかもしれません。転んで足を擦《す》りむいたとき、「痛っ、でも、そのうち治るだろう」と見て見ぬふりをしていると、ばい菌が入って化膿したり、なにかに当たって傷口が開いたりして、悪化していきます。

消毒したり、絆創膏《ばんそうこう》を貼ったりして、〝手当て〟をしてあげる必要があります。

心の傷も、「なるほど。ここが痛いんだな」と不安や恐れの正体を見つけて、手当てすることが大切です。ずっと気になっているだけでは、無意識に傷をさわり続けているようなもの。心の傷はどんどん深くなっていくでしょう。

小さな心の傷であれば、放置していても、日常生活を送っているうちに、治ることもありますが、「あの人、嫌い」「ああいう行為は許せない」など、一度、インプットされた人への嫌悪感はなかなか消えることはありません。わだかまりが、心のなかで渦巻いているはずです。

まずは前項で伝えたように「気にしていること」に気づいて、心の動きを見ること。

次のステップは、「わだかまりの元」を見つけることです。

「そっか。これが私は嫌なんだ」ということがわかれば、手当てのしようがあります。

これについては、次の項で詳しくお伝えしましょう。

「その人が嫌なのではなく、その行為が嫌」で決着

人の言動がカンにさわるのは、「こうあってほしい」「こうあるべきだ」といった期待が裏切られたからでしょう。だれもが自分の期待どおりであれば、気にしてモヤモヤする必要もありませんが、自分を中心に世界が回っているわけではないので、〝脅《おびや》かす人〟は当然、出てくるのです。

そんなときは、少し立ち止まって、頭を整理してみましょう。次の【気になることを整理する2つの問い】の答えを、メモ用紙にでも書き出してみてください。

1　自分はどんな〝性質〟や〝行為〟を嫌だと感じているのか

2　気がラクになるために、いま、できること（考えること）はなにか

たとえば、なぜか自分にだけ挨拶《あいさつ》しない同僚がいたとしましょう。「なんで私だけ？」

「嫌われてる?」などと考えたくなりますが、ここでは理由を考える必要はありません。まずは「何が嫌だと感じているのか」を考えてみてください。「礼儀ができないのが嫌」「自分だけ差別されるのが嫌」「ないがしろにされるのが嫌」などが出てきます。

感情の奥にあるのは〝過去〟の記憶。前にも似たような不快な思いをした経験があって、カンにさわるのは、そんな「感情の残りかす」が刺激されているのです。

「相手が嫌」と主観的に相手を見るのではなく、「私はこんな性質や行為が苦手なのだ」と客観的に自分を見つめると、少し気がラクになりませんか。

ここで意識してほしいのは、「過去の感情がくすぶっているけれど、いまは解決できる」ということ。そして、気がラクになるための方法をひとつ実行するのです。

「自分からは挨拶する」「お茶などで同僚と話す機会をもつ」「ほかの同僚に相談してみる」など、できそうなことから動いてみましょう。

「なにも解決方法が見つからない」というときも、「それはしょうがない」「そんなものだ」と割り切って、自分の考え方を変えていく方法もあります。

いずれにしても、「問題を見つけて、手立てを打つこと」で気はいくらかラクになるのです。

「考えてどうにかなること」「どうにもならないこと」を整理する

「気にすること」は、頭であれこれと考えていることをいいますが、その内容には「考えてどうにかなること」「考えてもどうにもならないこと」の2種類があります。

「考えてどうにかなること」を考えるのは、私たちにとって、とても意味があります。考え抜いた末に、いい企画案ができたり、解決の方法が見つかったり、自分の道を選んでいったりするでしょう。

しかし、一方で私たちは、考えてもどうしようもないことを延々と考えてしまうことがあります。この場合、大抵、イライラ、クヨクヨといったマイナスの感情がセットになっていて、自分の心を傷つけながら無駄な時間を過ごしてしまいます。

「あれこれ考えてしまう」というときには、「これは、考えて何か変えられることなのか?」と自分に問いかけてみるといいでしょう。

たとえば、上司に理不尽なことで叱られたとき、「上司はどうしてあんなことを言うのか」「そういえば、前もひどいことを言われた」などと考えるのは無駄です。なぜなら、上司の性格も過去のことも変えようがないのですから。

「叱られないようにするにはどうすればいいのか」「叱られたときにどう対処すればいいのか」を考えるのは意味があります。

それによって、自分のこれからの行動を変えられるのですから。

整理してみましょう。

●変えられないこと（考えても意味のないこと）**：他人のこと、過去のこと**

●変えられること（考えて意味のあること）**：自分のこと、現在・未来のこと**

つまり、考えるべきは、「自分はいま、なにができるのか」「これからどうなりたいのか」といったことです。

ただし、未来の起きてもいないことについて「～になったら、どうしよう」と心配しすぎるのは意味がありません。「未来のために、いまなにができるか」を考えるなら意味があるでしょう。イライラ、クヨクヨと考えることをやめるためには、「これは考えても仕方がないことだ」とハッキリと認識することが大切なのです。

思い込みを〝逆さ発想〟にして考える

私たちは、ショックな出来事が起きたとき、さまざまな思いが浮かんできます。

たとえば、営業先で担当者に「キミはこの仕事に向いていないね」と嫌味を言われたとしましょう。

「きっと担当者に嫌われている」「私は仕事ができない」「もうあの営業先には行けない」などなど、いろいろなことを考えてしまうでしょう。

しかし、これは勝手な〝決めつけ（思い込み）〟。いわば〝妄想〟です。

ここで、その思い込みを〝逆さ〟から考えてみてください。

「いや、待てよ。～ではないかも。なぜなら～」と考えるのです。

たとえば、「いや、担当者に嫌われてはいないかも。なぜなら、よく電話連絡をくれる。世間話で盛り上がることもある」

「いやいや、私は仕事ができないわけじゃないかも。なぜなら、上司からほめられることもあるし、ほかの営業先では頼りにされている」

「いや、待てよ。あの営業先にまた行けるかも。なぜなら、嫌味を言われたのは今回だけだ。また挽回するチャンスはあるはずだ」というように。

すると、「〝思い込み〟と〝事実〟は違う」と思えてくるはずです。

大切なのは、いま自分が考えていることを、「これは妄想」と気づくことなのです。

ほかに気になっていることも、ゲーム感覚で逆さから考えてみるといいでしょう。

「失敗した」と思ったら、反対に「これは、すべて失敗じゃないかも」と考える。

「もう間に合わない」と思ったら、反対に「まだ、なんとか間に合うかも」と考える。

「お金がない」と思ったら、「贅沢《ぜいたく》しなければ暮らせるお金はあるかも」と考える……。

なんとかなりそうな気がしてきませんか？ 気になっているときは、事実を〝悲観的〟〝大げさ〟に考えているとき。〝逆さ発想〟をすると、凝り固まった思い込みから解放されて、事実に近づいた柔軟な考え方にシフトしていけます。

自分で生み出した〝妄想〟は、自分の都合のいいように変えることもできるのです。

「いい」も「悪い」も存在しないとわかっておく

ある有名人がSNSで「新幹線で前の席から『席を倒していいですか?』と聞いてくるのはうざい。勝手に倒せ。なんでも保険をかけるな」というようなことをつぶやいていて、ちょっとした論争になったことがありました。

世間の声は、席を倒すときはひと言声をかけるという「声をかけて倒す派」が圧倒的多数だと思っていたら、「勝手に倒す派」も意外に多かったのはおどろきでした。人の価値観とはさまざま。たしかに有名人や静かに過ごしたい人は「声をかけないで」と思っているかもしれません。

「いい・悪い」というのは、その人の世界でつくり上げられた〝妄想〟であり、好き勝手に〝ジャッジ(判断)〟していることです。

遅刻してくる人に「社会人としてどうか」と言う人もいれば、「ちょっとの遅刻ぐらいで目くじらをたてるほうが人としてどうか」と思う人もいるでしょう。

どちらも〝ジャッジ〟しているから、イラッとするのです。

いいも悪いも表裏一体。視点を変えれば、「いい・悪い」「正しい・間違っている」も逆転してしまうものです。

時代が変わり、住む場所が変わり、性別や年齢が変われば、「絶対に間違っている」と思っていることも、「いやいや、普通にありでしょ」となるのです。

私たちは「電車のなかではこうあるべき」「職場ではこうあるべき」「上司は〜すべき」「親として〜でなければ」と勝手に〝常識〟や〝普通〟をつくり出して、勝手にジャッジしたり、自分や他人に押しつけようとします。しかし、〝常識〟や〝普通〟ほど、当てにならないものはありません。

「いい・悪い」「正しい・間違っている」の二極思考は、自分自身をがんじがらめにして、怒りや不安を生み出します。イラッとしたとき、クヨクヨしたときに、「あぁ、私はジャッジしているな」と思うだけでも、ストップがかかります。

そもそも、どうして無理に白黒つける必要があるのでしょう？

「白も黒もなくて、ほとんどはグレー」という視点でいいのではないでしょうか。

「ありえない！」を「あるかもね」に変えるとラクになる

女性は恋人のＬＩＮＥやＳＮＳの長時間の既読スルーには、ほとんどがイラッとすると聞いたことがあります。

女性にとってスマホでのやりとりは、おしゃべりのようなコミュニケーション。「スタンプのひとつも返さないのは失礼」で無視されたことと同じことかもしれません。

しかし、そのような男性にとっては、「時間ができたとき、気が向いたときに返す」という手紙のようなものなのでしょう。

若い友人は、「恋人同士が1日以上既読スルーなんてありえない！　もう愛情が冷めてしまったのかも」と嘆いていました。その後、1日に1回は連絡するというルールを取り決めたものの、しばらくすると、また元に戻り……。

人間というもの、他人からの押しつけでは、けっして変わらない。本人が「これじゃいけない」「こうありたい」と気づいて行動しないかぎり、変わることはないのです。

世の中には、身近な家族から職場、近所、通行人、テレビのなかなど、いたるところに「ありえない！」という人はいますが、いちいち〝ジャッジ〟しても疲れるだけ。「ありえない！」と思うところを「あるかもね」と変えるだけで、気持ちはラクになります。

「ありえない！」と思っているときは、自分の〝正しさ〟を正当化する理由ばかりを考えています。「あるかもね」と現実に寄り添う視点に意識的にもっていくと、「あの人はあんな性格だし」「いろいろ事情があるだろうし」「そんなものかもね」と、現実を認めるための材料が集まってくるはずです。

恋人に丸一日、既読スルーされた女性も「まぁ、彼ならあるかもね」と思えば、「相当、忙しくて余裕がないんだろうな」「愛情がないんじゃなくて、安心してるんだろうな」と肯定的にとらえ、無駄な妄想で苦しむこともなくなります。

自分の要求を伝えることが必要なときもありますが、「あるかもね」で現実に寄り添う視点が、心の平穏をつくることを覚えておいてください。

マイナスのことも「この部分だけ」「いま、ここだけ」のことと考える

かつて友人に、「だから、あなたはダメなのよ」というような否定的なことを言われて、その場で大泣きしたことがありました。自分を認めてくれていると思った人から言われたことが、悔しくてたまらない。「もうこの人とはつき合わない！」と思ったほどでした。

しかし、冷静になってから考えると、「彼女が言っていたことも一理ある。忠告してくれる人はなかなかいないから、ありがたい存在だ」と思えてきたのです。

いまでも大切な友人で、なにかしら気にかけてくれるし、認めるところは認めてくれるので、「あのとき、縁を切らなくてよかった」とつくづく思います。

カンにさわることを言われたり、相手の嫌なところが見えたりすると、つい「この人は、嫌な人だ」とジャッジして、マイナスの部分しか見えなくなるものです。

これって、ほんとうにソン。だれでもプラスの面、プラスの価値はあるのに、そこには目がいかなくなり、恩恵もチャンスも遠ざけてしまうのです。

「あの上司は嫌い」と思っていると、上司から大切にされることもないでしょう。「この仕事は苦手」と逃げていると、仕事の意外なおもしろさに気づいたり、次のステップに進んだりするチャンスが失われてしまいます。

「イヤ」「嫌い」「苦手」と感情がざわついているときは、視界が狭くなって、冷静に判断や行動ができなくなっている状態なのです。

そんな状況を脱するために、私はよく「これは一点だけのこと」「一瞬だけのこと」と視界を広げてみるようにしています。

人の嫌なところが見えても「この部分だけ」と思えばラク。カンにさわることを言われても、「いま、ここだけのこと」と思えば、なんとかやり過ごせます。

私は日常を「旅をするように生きたい」と思っていますが、一生を一日の旅路と考えると、小さな嫌悪感や好き嫌いの感情は、それほど気にならなくなります。

目の前の一瞬一瞬のことはすべて流れ去っていきます。ならば、それをやり過ごしたり、肯定的にとらえたり、おもしろがったりして、気楽に進もうではありませんか。

「人は人、自分は自分」の線引きをする

「要領がよくて、ずる賢い女がカンにさわる」という女性がいました。

「彼女に頼まれた調べものを時間かけてやってあげたら、ほかの人にも頼んでいて『もう要らない』と平気で言う。しかも上司には自分でやったように報告。裏ではサボっているのに、上司からの評価は高い。真面目にやっている自分がバカみたい……」

どうして、要領のいい彼女がカンにさわるのでしょう?

その正体は、「自分が禁止していることをやっているから」。無意識で自分が「してはいけない」と思っていることを、その人が平然とやっているからでしょう。

私たちはそれぞれ〝自分の世界〟の価値観に従って生きています。生まれ育った環境、性質、教育、経験などによって自然に身につけた価値観があります。

「なんでも真面目に取り組まなければいけない」という価値観で生きている人もいれ

ば、「要領よく生きたほうがいい」という価値観で生きている人もいるでしょう。「いい結婚が女の幸せ」という価値観、「お金がなにより大事」という価値観、「ひとりで自由を楽しみたい」という価値観……。生き方、ライフスタイル、ファッションなどにおいても、さまざまな価値観があるでしょう。

自分の世界ではありえないことをやっている人は、ひとつの恐怖。相手の世界に寄り添えば、自分を否定することにもなるので、素直に認めることもできません。

しかし、価値観や考え方を一致させる必要も、相手を理解する必要もありません。カンのさわる人に出会ったときに大切なのは、「人は人、自分は自分」という明確な境界線を引くことです。運動会などで使うラインカーで、相手と自分の間にサーッと白くハッキリした線を描くことをイメージしてみてください。

「こういう人もいるが、私はこうしよう」と人と自分を分けて考えることが大事です。そして、「〝相手〟は理解できないが、〝相手の世界があること〟は理解しよう」と考えればいいでしょう。視点を自分の世界のなかから、「人それぞれの世界がある」と広げてみると、自分の世界を広げていくことにもつながるのです。

「どういうこと？」と、いちいち意味を深く考えない

だれかからカンにさわることを言われたとき、冷たい態度をとられたときなど、「なんで？」「どういうこと？」と、その理由を考えてしまうものです。

「私、なにかした？」「嫌われている？」と考えると、不安になってきます。

「あんな言い方、しなくてもいいじゃないの」と考えると、腹が立ってきます。

仕事中も、家に帰っても、布団に入っても、「なんでよー」と頭のなかでぐるぐると考えてしまいます。理由を考えるほど、不安や怒りはだんだん大きくなって、ついぎこちない態度をとったり、ふとしたときに反撃してしまったりするかもしれません。

しかし、相手のことを深刻に考えている間、当の本人は、ビールでも飲みながら、お笑い番組でも観て、ゲラゲラ笑っているかもしれないのです。

そもそも、「なんで？」と理由を考えることには、意味がありません。

なぜなら、理由をつきとめたとしても、〝確認〟のしようがないのですから。

相手の気持ちはよくわからないし、たとえ「どうしてそんな態度をとるんですか?」と聞いて答えてもらったとしても、本心かどうかもわからないでしょう。

私たちは、不安や怒りを解消したいために、原因をつきとめようとしますが、自分を守ろうとした結果、逆に自分を苦しめる悪循環をつくり出してしまうのです。

「認知行動療法」という心理療法では、ストレスには「原因探し」ではなく、「現実的な解決探し」をして行動する対処法を提唱しています。

つまり、「どうして?」ではなく、「どうすれば?」に視点をおくのです。

まずは、「確認ができないことは、考えてもしょうがない」と、理由は考えない。

そして、自分の気持ちがラクになるために、ひとつでもふたつでも解決策を考えて動くのです。不安でしょうがなかったら、「私、なにかしました?」とメールで聞いてみる。とりあえず、謝っておく。パワハラレベルの暴言なら上司に相談するなど、いろいろな解決策がありますが、ほとんどは「放っておく」で解決します。

意味を深く考えず、「さて、どうすればいい?」「放っておけばいいね」と自分なりの決着をはかれば、さっさと前に進んでいけるのです。

ムカつく人の言動をおもしろがってみる

「おもしろいね〜」という口グセの友人がいました。

新しいものに出合うと、「それ、おもしろい〜！」と興奮する。

人の話を聞くときも、「へー、おもしろい！」を連発。

少々、面倒なことが起きても、「なかなかおもしろくなってきたわね」とニヤリ。

人のカンにさわる言葉も「おもしろいこと、言うじゃないの」とさらりと流す……。

私は「いやいや、全然、おもしろくないって」とツッコんでいたのですが、同じようにやってみたら、ものごとをあまり深刻に受け止めず、「はー、そうきましたか」と余裕の気持ちで見つめられるようになってきました。

他人の悪意を感じそうになるときも、苦手なタイプの人に対しても、「おもしろいじゃないの」と考えることで、悪意や苦手と感じる部分は、さほど気にならなくなるのです。

友人は病気で亡くなる前まで、「体は衰えても、心は元気なの。生命の力って本当におもしろいよね」と笑っていたのですから、おもしろがろうとすることで、心の負担を軽くしていたのかもしれません。最期まで〝気高い人〟でした。

だれかのカンにさわる言動も、「おもしろいじゃないの」とつぶやいてみてください。目の前に起きること、目の前の人を、少しだけおもしろがって見てみてください。

いくらか世界が違って映るようになります。

いままで漠然と見過ごしていたり、イライラ、クヨクヨと考えていたりした世界から、なにかを得ようとアンテナを張るようになります。

おもしろがって見るようにすると、恐れや不安は少しずつ消えていくのです。

「おもしろがる」は無理にポジティブになるのでもなく、距離をおいて冷静に見つめるのでもなく、相手やものごととじゃれ合うような〝軽快さ〟〝あたたかさ〟があります。なんでもおもしろがろうとする人は魅力的で、生命の力強さがあります。

明らかに危険なものを除いで、すべてをおもしろがるようにしたら、ほとんどのことは笑って済ませられるのではないでしょうか。

相手の言葉にある〝感情〟をそのまま受けとらない

無神経な言葉、余計なひと言をぶってくる人はどこにでもいるものです。

まわりの人たちに、「最近、カチンときた言葉」をたずねてみると……。

新しい部署で上司から「前任者は気が利く人だった」と嫌味たっぷりに言われた。

友人から「あなたのために言うけど、若づくりの服はやめたほうがいいと思う」。

ほかにも「そうなると思った」「そんなことも知らないんだ〜」「あなたにはわからないでしょうけど」「あなたにできるの？」「太った？」「かわいそう……」などなど。

こうした言葉にカチンと感情がゆさぶられるのは、相手の感情をそのまま受けとってしまうから。相手のイライラや悪意、嫉妬、認めてくれ欲求などモヤモヤと毒された感情に、自分の感情も〝共鳴〟してしまうのです。

そして、当然のことながら、「そんな言い方はないでしょう」「上から目線に腹が立つ

〜！」「人の気持ちがわからない人だ」などと、相手に嫌悪感をもつようになります。

察知力が高い人、空気を読める人ほど、ものすごく疲れる受けとり方をしています。

こんなときに立ち止まって考えていただきたいのは、「相手の感情は、相手の責任である」ということです。

ここでも、「もうひとりの自分」を登場させて、上から眺めてみましょう。

〝被害者〟ではなく、〝傍観者〟として、引いたところからいまの状況を見ると、「はー。この人、相当、イライラがたまっているな」とか「優位に立ちたい性格なのよね」とか「単に無神経だからしょうがない」などと、相手の事情も見えてきます。

しかしながら、相手の〝毒〟は、相手の責任。毒のある言葉は、断固として〝受けとり拒否〟しましょう。自分のためだけでなく、相手を傷つけないためにも。

相手に嫌悪感をもった瞬間、相手を傷つける方向に意識が向かいますから。

ほとんどのことは、「そうですね〜」などと右から左に流せばいいことですが、攻撃がキツかったり、続いたりするようなら、「そのひと言はなくてもいいと思います」「結構、傷つきますよ」など、釘を刺しておきましょう。

相手の感情が相手の責任であるように、自分の感情を守るのも自分の責任なのです。

話のなかの「役立つこと」だけを受けとる

自分に非があっても、相手から責められると「そんな言い方しなくても……」と感じることがあります。

報告や連絡をされるときに、ぶっきらぼうな言い方や、余計なコメントが混じっていると、「なんかムカつく」と思うことがあります。忠告やアドバイスをされても、「言ってる意味はわかるけど……」と素直に聞けないこともあるでしょう。

すんなり受けとれないのは、前項でも伝えたとおり、話の〝内容〟よりも相手の〝感情〟に目が向いているからです。

こんなときにおすすめなのは、徹底的に「自分に役立つ情報だけ」を受けとること。

「これは自分にとって必要だ」と思うことだけをキャッチして、あとの他人の感情や、余計な情報など、自分を傷つけるものは、サーッと流していきましょう。

この思考が習慣になると、心は本当にラクになります。

逆に、相手に何か言うときも、「相手に役立つ情報だけ」を伝えるようにすると、カドが立たない言い方になります。厳しい忠告をしなければいけないときは、「どんな言い方をしたら、受け入れてくれるか？」と考えるようになります。

どれだけ大事なことを言っても、相手が受け入れないと意味がありません。


「役立つ情報だけを受けとる」ということは、相手から〝いいところどり〟をすること。どんな人の話のなかにも、学びや気づきがあるのです。

完ぺきな人間なんて皆無で、だれもが欠けている部分があります。

「尊敬できる人の話は聞ける」「自分にとってやさしい人には素直になれる」ということであれば、自分にとっての「役立つこと」は相当、限られたものになるでしょう。

反面教師も含めて、一見、受け入れがたい人や、厳しい意見ほど、「役立つ情報」は多いものです。

まわりからどれだけ〝いいところどり〟をしたかが、自分の糧《かて》になっていくのです。

相手を責めてもいいことはない

友人の家でホームパーティをしていたときの出来事です。

ある女性のご主人から「急な仕事で行けなくなった」との連絡がありました。

女性は「ずっと前から約束してたのに」「みんな待っているのよ。夕方からの仕事は断れないの？」「いつもそうじゃないの」と電話で夫を責めている。最後は「もういい！　どうなっても知らないから！」と捨て台詞《ぜりふ》を吐いて、まわりはヒヤヒヤ……。

夫に対する日ごろのうっぷんがたまっていたのかもしれません。女性はふと我に返って「ごめんなさい。お恥ずかしいところを見せちゃって」と赤面。

そんなとき、ある年配の女性がやさしく諭すようにこう言ったのでした。

「夫を責めてもいいことはないわよ。次につき合ってもらうときに、気持ちよく引き受けてもらえないでしょう。これからもお世話になるんだから、賢くならなきゃ」

一同、ナットク。女性も「ですよね。謝っておきます」と反省したようでした。

私たちは近しい相手には、ためていた感情の蓋《ふた》がはずれやすくなってしまうようです。とくに男性には、大きな不安や怒りを感じると我を忘れて攻撃することもあります。

ある友人は、恋人が元カノと連絡を取り合っていたことがわかって、大げんかに発展。浮気をしたわけでもないのに「一生許さない」とまで言い放ってしまったとか。

まったく気にしないのもむずかしいものですが、相手を責めているときは、「ひどいことをされた」という一点に目が向いていて、視野が狭くなっているのです。

賢くなりましょう。相手にやめてほしいことがあるなら、「あなたは～～だ」ではなく「私は～～してほしい」と〝私〟を主語にして真剣に、短めに言ったほうが男性の反省も促せます。しつこく責めれば、男性は逆ギレするので要注意。ナットクできない言い訳も「そうなんだ」と聞くフリをして逃げ道をつくってあげたほうが賢明です。

これからもつき合っていくのであれば、「お世話になるんだから」という感謝と謙虚さは忘れずに。怒りは、感謝の気持ちがなくなったときにわいてくるものですから。

男性、女性に関わらず、恨みがましい気持ちになりそうなときは、「ありがとう」とつぶやいたり、相手に伝えたりするのも、不幸から自分を守る知恵かもしれません。

「嫌われない」「嫌いにならない」くらいの距離感でちょうどいい

どんなに気の合った人でも、愛する恋人や家族であっても、心の距離が近すぎると、摩擦が起きて傷つけ合ったり、うっとうしくなったりします。

いつも顔を合わせている同僚だからといって、つい余計なおせっかいをやいたり、プライベートなことを詮索したりすると、嫌われるでしょう。

上司だからといって、「多少厳しいことを言ってもいいはずだ」と部下を叱ってばかりいたり、あれこれ命令したりすることが多いと、まちがいなく嫌われます。

逆に、距離が遠いと、摩擦はないものの、「自分のことをちっともわかってくれない」と不満をもたれたり、「あの人は何を考えているかわからない」と誤解を生んだり。

毎日顔を合わせている夫婦でも、愛情表現や会話がないと、冷え切った関係になるでしょう。心の距離が遠すぎて、あたたかみがないのも、嫌われる一因になります。

一人ひとりの関係において、ほどほどの距離感が大切なのです。

すべての人に好かれようとすると疲れます。でも、「嫌われない程度の距離感」「嫌いにならない程度の距離感」でいいと考えるとラク。結果的にそれがベストな距離感を見つけられるように思います。ストレスが少ない関係だと、相手を好意的に見ることができ、オプションとして、愛情や信頼、尊敬といった情愛が加わってくるのです。

「ヤマアラシのジレンマ」という心理学の用語があります。

寒い日に二匹のヤマアラシが身を寄せ合って温め合おうとしたが、近づきすぎると全身の針が相手に刺さって傷つける。かといって、離れると凍えてしまう。近づいたり離れたりをくり返しているうちに、最適な距離を見つけた……という話。

この話のように、ほどほどの距離を見つけるのは、〝試行錯誤〟が必要です。

イラッとしたら、少し離れたり、「もう少し仲良くなりたい」と思ったら、世間話でもして近づいたり。そうこうしているうちに、ほどほどの距離に近づいていきます。

先日、50代の友人がこんなことを言っていました。

「大人っていいいね。適度な距離感、適度な自己主張、適度な思いやり……場が和む」

そんな大人の距離感をもてば、大抵の人間関係はうまくいくのではないでしょうか。

人の長所には敏感に、欠点には鈍感になる

人間とは、人の欠点はやたらと気になるようです。

「無神経だ」「社交性がない」「いい加減」「細かすぎる」「空気を読まない」「損得ばかりを考える」など、自分を脅かすことは、注意を払う必要があるからです。

そして、「あの人は〜〜だ」と決めつけて、相手を見るようになります。

人の長所に関しては、自分を脅かす不安がないために、つい見過ごしてしまいがち。よくよく観察してみると、「こんないいところがあったんだ!」と、長所や魅力を発見するかもしれません。

だから、「人の長所には敏感に、欠点には鈍感に」というくらいの心がけでいると、ちょうどいいバランスで相手を見られるのです。

これは、「長所だけ見る。欠点は見ない」ということではありません。

長所だけを見て、「すごく努力家で真面目な人」とか「いつも笑顔でポジティブな人」というのも表面的な〝決めつけ〟でしょう。人間、サボることも、ネガティブになることもあるもの。そんな部分が垣間見えたら、裏切られたような気持ちになるはず。

長所だけを見ても、相手を理解することや、信頼関係を築くことはできないのです。

かつての職場で、退職、転勤の時期に同僚がこんなことを言ったことがありました。

「みんなから愛されていた魅力的な人たちが、つぎつぎにいなくなって寂しい。でもさー、魅力的な人って、決まって大きな欠点があったよね」

たしかにそうだ、と思ったのです。「自分の意見を強引に押し通そうとする」「人に迷惑をかける」「人使いが荒い」など大きな欠点も、たしかにあった。けれど、愛される部分、魅力的な部分が強烈に見えていたために、さほど気にならなかったのです。

「この人は、欠点があってもいいのだ」という目で見ていたのかもしれません。

欠点も裏からみると、長所や魅力になることもあります。

「長所も欠点もあるし、魅力も嫌なところもある」とニュートラルな気持ちで、その人全体を受け入れようとする姿勢が、深い関係をつくっていくのです。

よどんだ〝負のオーラ〟をもらわない

イライラ、ピリピリとした空気、どんよりと陰気な空気など、どことなく〝負のオーラ〟を発している人がいるものです。

とくに職場など狭い空間のなかで上司やお局など権力をもっている人がそうだとつらいもの。「気にしないようにしよう」と思っても、つい影響を受けてしまうものです。

知人は、「派遣で勤めた職場で、9割の人が、負のオーラを発していて、つねにイライラ。たまに怒鳴り声が聞こえてくるほど。私までビクビクしたり、イライラしたりするようになって、体調を崩して辞めた」と言っていました。

あまりにも雰囲気がよくない場合は、職場を変える方法もありますが、それもできないときは、気が散らないように、意識的に別なものに目を向けるしかありません。

私は、自分のまわりに透明なエアバリアを張っているとイメージして、ひたすら仕事に集中していました。デスクの前に書類などをなにげに積んで視界を遮り、負のオーラをもつ人が見えないようにするのも、意外に効果があります。

なかには、「この人は癒されるわ〜」という人もいるので、そんな人と話すようにするのも一策。「きゃー、こんな時間。早く終わらせなきゃ」とひとり言をつぶやいたり、「お腹空いてません？　お菓子ありますよ」とまわりに話しかけてみたりと、声を発すると、空気が変わります。

ハキハキと丁寧に話す、笑顔で挨拶をするなど、自分と接する人にはできるだけ明るく、やさしいオーラを発するようにしていると、ギスギスした職場でも、オアシスのような存在になるかもしれません。……と、あの手この手を試してみましょう。

人は明るい人に集まり、暗く湿っぽい人からは離れていく傾向があります。

ただ、プライベートで親しい関係であれば、負のオーラに寄り添うのも、優しさ。

かつて私は病気をしたとき、負のオーラを発していたのでしょうが、心配して来てくれたり、話を聞いてくれたりした友人には感謝。心から大切にしたいと思います。

「相手がどうか」ということよりも、「自分がどうありたいか」と、自分の心のあり方に目を向けるのが、負のオーラとつき合っていくヒケツなのかもしれません。

怒っている人と同じ土俵に上がらない

相手が自分に対して感情的に怒っているとき、言いたいことは山ほどあるでしょうが、同じ土俵に上がって反論しないことをおすすめします。

なぜなら、感情的になっているときは、判断力がなくなって、まともな話し合いができるはずはないのですから。

私も売り言葉に買い言葉で、徹底的に戦った結果、大きなダメージを受けたことが数知れず。たとえば、上司の理不尽な怒りに「それっておかしいじゃないですか！」「部長が言ったからでしょう?」など、「言った、言わない」の論戦になって話は平行線。問題解決はまったくできず、ただ意地の張り合いで激しく消耗しているだけ……。

「ちょっと落ち着いてください」「冷静になってから話しましょう」となだめようとするのも、火に油を注ぐようなものです。相手は押さえつけられたように感じて、「落ち着いてるよ!」とさらに感情を高ぶらせてしまうでしょう。人は、感情を他人にコントロールされるのが大嫌い。そもそも、感情は自分でしか変えられないのです。

ともかく、怒っている人と同じ土俵に上がってもいい結果にはなりません。

相手と同じ場所ではなく、高いところまで上がって、上から眺めてみましょう。

「敵が攻撃している」と思えば傷つきますが、「感情に振りまわされて困っている人がいる」と思えば、傷つかずに済みます。

とり乱している相手には、「落ちつくのを待つ」という意識を持ちましょう。「そうですね」「わかります」などとやり過ごし、相手がすべて吐き出すまで聴くことに徹しましょう。納得できない内容でも「困っている人、困っている人……」と念じながら。

相手がじゅうぶん出し切って怒るのに疲れてから、または別の機会に「私の話も少し聴いてもらえますか?」と伝えると、聞く耳をもってくれるはずです。

ある女性は「私、怒っている人には聞くフリして反論しないって決めていますから」と言っていました。「決めてしまう」というのも賢い方法。マニュアルとして振る舞えば不思議とストレスが少なく、すんなりできるものです。ここは〝クレーム処理係〟になったつもりで「その場をやりすごす」を基本マニュアルにしてはいかがでしょう。

さっさと謝る人は最高にカッコいい

謝るのは「自分の非を認めることになる」「負けたような気分がする」と、変なプライドがあって謝れない人が多いようです。謝ることは自分が〝下〟〝不利〟になったようでカッコ悪いと思う人もいるかもしれません。

でも、これはまったく逆。つまらないプライドや体裁を気にしない人ほど、じつは最高にカッコいい、器が大きいと感じるのです。

さっさと謝れる人は、目の前の小さな「正しさ」にこだわらず、一見、敵対している相手に塩を送ることをもったいぶりません。「謝っても自分の誇り（プライド）は傷つかないし、むしろ、謝れるのは誇れることだ」という自信があるからです。

「正しい・間違っている」という視点ではなく、「おたがいの〝わだかまり〟をなくすこと」に視点をおいています。相手のためではなく、自分のためでもあるのです。

年を重ねるほど、「私は正しい」と意固地になって謝れない人もいるようですが、私は若くて自信がなかったときほど謝れず、必死に自分を正当化していました。

いまは、「1%でも自分に非があれば、速攻で謝る」と決めています。

もし、自分に非がないと思っても、相手が気分を害していたら、話の内容ではなく、「気分を悪くさせてごめんなさい」「心配させて申し訳ありません」と謝ります。なんらかの悪影響を与えたのは事実。心のわだかまりを一刻も早くなくしたいですから。

謝らないことの代償を甘くみてはいけません。相手がわだかまりをもっていると、関係もギクシャクしたり、悪口を言われたり。現代はネットに書き込まれたりするかもしれません。謝らないために、訴訟まで発展するケースも山ほどあります。

ある知人は、たったひと言で母親を怒らせ、数年間、絶縁状態になったとか。たがいに「自分は悪くない」の意地の張り合いが続いたあと、娘から謝って和解。たったひと言で人は傷つきますが、「ごめんなさい」のひと言で癒やされ、丸く収まるのです。

謝れる人は、「相手への依存心がない人」なのだと思います。

相手が変わることを期待するのではなく、自分でこの場をなんとかしよう。いい方向に進めようと動いていく。そんな人には、多くのギフトが待っているのです。

「ありがとう」を求めない

自分がやったことに対して、「ありがとう」と言ってもらえると嬉しく、報われたような気持ちになるものです。しかし、「なにかしてもらったら、ありがとうを言ってもらうのは当然」と考えていると、カンにさわることが多くなります。

まわりでも「私はこんなにやっているのに」という不満の声が聞こえてきます。
「親戚に入籍のお祝いを贈ったのに、なんの連絡もない。ひと言あってもいいのに」
「夫は、私がどれだけ手をかけた料理をつくっても、ありがとうと言ったことがない」
「同僚の仕事を手伝っても当然という態度で、感謝もない。なんかソンしている気分」

現実的に「ありがとう」がないことは多いもの。あるかないかもわからない他人の「ありがとう」や見返りを期待して一喜一憂していると、苦しくなるばかりです。

〝相手の反応〟は相手の問題。そこに目を向けるのではなく、「自分がやりたいからやっている」と〝自分の気持ち〟に視点をおくと、その不満は解消されます。

それを教えてくれたのは、かつて暮らした台湾の人たちでした。困っている人を見かけたら、とことん助ける。頼まれたら、その人のために奔走する。国内外で災害があったら、精いっぱいの寄付をする。外食では割り勘はなく、だれかが払う……。「ありがとう」はないことのほうが多いのですが、その不満は聞いたことがありません。

彼らは「だれかがいまよりよくなってくれたら嬉しい」「人のためになにかができる自分が誇らしい」と、その場その場で自己完結しているのです。「GIVE&TAKE」ではなく、「GIVEのみ」でいいというシンプルな考えです。それには、「自分がしたいからやる（したくないなら、やらない）」という人に依存しない考えが必要です。

つねに「GIVE&TAKE」というケチな根性では、人間関係も窮屈になって離れていくでしょう。感謝や見返りを期待しないほうが、結果的に、多くを与えてもらえるのです。大きな視点で俯瞰《ふかん》すると、自分が何かを与えた相手から直接のお返しがなくても、私たちはつねにどこからか何かを与えられながら生きています。

相手には「ありがとう」や見返りは期待しないが、自分がしてもらったら「ありがとう」を伝え、恩を忘れないという心構えで過ごしてはいかがでしょう。

「不快なこと」には反応せず、「心地いいこと」だけに反応する

「カンにさわることを言われたとき、どんな反応をすればいいのか」「そんな人とどうつき合えばいいのか」という悩みはよく聞かれます。カチンときたときに言い返すのも疲れるし、かといってヘラヘラとつくり笑いをするのもストレスがたまるでしょう。

そんなときは、こんな実験をしてみてください。

相手がカンに障ることを言ってきたら、〝無表情〟で淡々と対応するのです。いらだつかもしれませんが、無表情でいることならできるはずです。

「あー、そうですねー」などとやり過ごし、できるだけ早めにその場を離れましょう。瞬間湯沸かし器のようなカーッした怒りは10秒以内、モヤモヤとした強い不安や緊張は10分くらいしか続かないといいます。

その時間をくぐり抜けると「よし、切り抜けた！　たいしたことにはならなかった

し、私はこんなタイプの人でもなんとかやっていける」という自信になります。

一方で、カンにさわる人というのは、ときどき友好的な態度を示したり、ポジティブな発言をしたりすることもあるものです。

そんなときは、5割増しくらいの笑顔で大きくうなずきましょう。ミーティングなどでいいことを言ったら、「そうですよね！」と力強く反応しましょう。

相手は戸惑いつつも、ちょっと嬉しそうにしているはずです。

カンにさわることを言う人というのは、強いのではなく、弱いからこそ、自分を強く見せようと表現する。本当は自己肯定感が低い可能性があります。

だから、相手が嬉しそう、楽しそうにしているのは、予想以上に嬉しいもの。無意識に、もっと人を喜ばせたいという気持ちがわいて、態度は軟化してきます。

この実験、同僚から家族、恋人までおどろくほどの効果があります。相手を変えることはできなくても、自分の態度を変えることで、相手の態度も自然に変わるのです。

万が一、変わらなかったとしても、自分がラクに対応できるという効果があります。だまされたと思って、ぜひ試してみてください。

第2章

他人の目や、まわりの情報を〝気にしない〟

他人の価値観のために無理をしない

「まわりにどう思われるのだろう」と気になることはだれにでもあるものです。

たとえば、「こんな私は、どう思われているのか」といったパーソナリティから、「上司よりも先に帰ったら……」「こんな派手な服を着たら……」「こんなことを言ったら……」と　日々の言動まで、目に見えない妄想の〝呪縛〟にとらわれてしまうのです。

どうしてそんなに〝人の目〟を気にしてしまうのでしょう。

簡単にいうと「認められたい」から。「常識のある社会人と思われたい」「いい母親、娘と思われたい」「素敵な女性と思われたい」「若いと思われたい」など、さまざまな承認欲求はエネルギーにもなりますが、強すぎると、自分を不自由にしてしまいます。

とくに、日本人は「いい子にしていなさい」「まわりに合わせなさい」と教育されて育っているため、この傾向は強いようです。ストレスを抱えた人や、怒りっぽい人が増えたのも、この「認められたい欲求」が関係しているように思えてなりません。

私も子どものころから、「期待に応えたい」という気持ちが強く、いま思えば、仕事もプライベートもかなり無理な方向に努力して消耗していたと思います。

その結果、うまくいかないことが多く、「まわりから認めてもらえない自分＝ダメな自分」という劣等感の塊《かたまり》。自分の価値基準を、いつもまわりに委ねていたのです。

「気にしないようにしよう」と思っても、心に染みついた〝呪縛〟は消えないもの。

そこから解放されたのは、「どうせ評価されないのなら、好きなように生きてやる！」という開き直りでした。そして、やりたいことを見つけて、それに打ち込んでいるうちに、あれほど気になっていたまわりの目は、あまり気にならなくなってきました。

「人の評価」よりも、「自分の満足」を優先するようになったからです。

「私はこれが好き」「これをしたいのだ」という自分の世界をもつとラクに生きられるようになります。「認められたい」と思っていたときよりも、認められたり、理解されたりするようになるのは、不思議なほど。人の目が気になって仕方がないという人は、「〝人〟からどう思われたいか？」から「〝自分〟はどうしたいか？」に視点をシフトして考えてみてください。それがあなたをいちばん幸せにする選択ですから。

「本当のところ、どうしたいの？」と問い続ける

人の目が気にならなくなるいちばんの方法は、「人の目を気にしないようにすること」ではなく、「自分のやりたいことや、好きなことを見つけること」と、前項で書きましたが、「それができれば世話はない！」とツッコミが入るかもしれません。

そうなのです。私もそうでしたが、人の目を気にするクセがついている人は「何がやりたいかわからない」「人といると自分の意見がわからなくなる」ということがあります。そんなときは〝もうひとりの自分〟になって、こんな問いかけをしてください。

「本当のところ、どうしたいの？」

小さい例では、職場でのランチ。「いつも先輩たちとのつき合いで外食だけど、本当は社内で、ひとりで食べたいな」ということであれば、そうすればいいでしょう。

「ここはみんなに従っていたほうがいいかな」と思えば、それもいい。大切なのは、

人にコントロールされているのではなく、「自分で選んでいる」という意識です。

「どんな仕事をしたいのか？」「どう生きたいのか？」といった大きなテーマは、寝る直前の、自分との作戦会議がおすすめ。潜在意識のなかに入って、あるとき、「そうだ、私はこうしたいのだ」と自分の気持ちがハッキリと見えてくることがあります。

この会議には「あの人はこうしている」「この人はこう言っていた」といった外野の声は必要ありません。それより「自分はなにが心地いいのか」「どんなものにワクワクするのか」といった心の状態が道しるべ。自分のなかにすべての答えはあります。

幼いころは好奇心の塊で、ワクワクするものにまっすぐに目が向いて、夢中で駆け出していたはずですが、大人になるにつれ、眼鏡が曇るようにそれが見えなくなってきます。「本当はどうしたい？」と問い続けていれば、子どものころ、夢中だったことや好きだったことに返っていくことが多いもの。「自分を喜ばせてくれるもの」の本質はずっと心の奥に息づいているのでしょう。

そして、「すべては自分で選んでいるのだ」という意識をもつようになると、結局、自分の心を縛っていたのはだれでもなく、自分自身だったのだと気づくのです。

「みんながやっていること」が正しいわけではない

「みんなはどうしているんですか？」

そんな質問をすることは、多くの人があるのではないでしょうか。

まわりに合わせること、従うことは、自分を守るために必要なことがあります。

かつてブライダルコーディネーターをしていたとき、よくこの質問を受けました。「招待客は何人くらい？」「お料理の値段は？」「お色直しは何回くらい？」「どんなドレスが流行《はや》り？」というように。ほとんどは初めてで、あまり情報がないので、人がどうしているかは、貴重な情報になります。でも、「みんながしているから自分も」だけでは、世間体のために無理をしたり、自分らしさが見えなくなったりするのです。

「みんながしていること」というのは、「正しい」わけではありません。

「みんながイベントに行くから私も」「みんなが○○をもっているから私も」「みんな

がSNSで〝いいね〟を押しているから私も」と、キョロキョロしながら自分の行動や考えを決めていたら、もわっとした〝同調圧力〟に窮屈さを感じることになります。

とくに現代は、メディアやインターネットで幅広くつながっていて、みんなの価値観に合わない言動は叩かれるという、以前とは違う意味の「監視社会」が生まれています。「人と違う自分っておかしい？」と不安になることもあるかもしれません。

一方で、閉鎖された社会では、「みんながやっていること」なら、どんなことも正義になりえる。極端な例ではありますが、話題になった教員間のいじめも、「みんなでやれば怖くない」でエスカレートして、それをとがめられる人もいなかったのでしょう。

どんな人も「みんながしているから」の罠にはまる可能性はあります。

自分を守るために同調していても、逆に自分を傷つける方向に進んでしまうのです。

「みんなはそうかもしれないけど、自分はこうする・自分はこう思う」と、みんなと自分の間にきっちりと〝境界線〟を引くことが大切です。

自分で責任をとれる範囲なら、「人と違う行動をとってもいい」「人と違う意見をもってもいい」ということを忘れないでいてください。

「まわりと比べてどうか」では自分が嫌いになる

「自分は社会人として、あたりまえのことができていない」と嘆いている20代の女性がいました。新しく仕事のやり方を教えてもらっても、みんなはすぐにできるようになるのに、自分は何度聞いても覚えられず、すぐにミスをする。まわりから「使えない人」と扱われているようで、何をするにも自信がなくなった……というのです。

ずいぶん前、私も転職したときに、同じ状況に陥ったことがありました。「おかしい。頭のなかに何か重大な欠陥があるんじゃないか」と本気で思ったほどです。

ほかにも「みんなは結婚していくのに私は……」「みんなは仕事で確固たる地位を築いているのに私は……」と、焦ったり落ち込んだりすることは度々ありました。

いま、当時の自分も含めて、そんな状況に陥っている人がいるとしたら、言ってあげたいのは、「人と同じようにやろうとするのは無駄な努力」ということです。

自分だけが仕事のスピードが遅くても、とにかく確実に覚えるようにする、自分の得意なことで貢献するなど、できることはあります。結婚をしなくても自由を謳歌できるし、仕事で地位がなくても、自分なりに仕事を極められる。「いま、自分ができることを自分なりにする」という方向の努力のほうが、ずっと楽しいでしょう？

そもそも「まわりと比べて自分は……」と考えているときは、勝手な〝妄想〟にとりつかれて、勝手に自己否定をして、勝手に落ち込んでいるだけ。どんどん自信がなくなって、自分を嫌いになっていくでしょう。たとえ「みんなより優れている」と優越感をもっても、劣等感をもつこともあって、不毛な競争はエンドレスで続きます。

先の女性に「自分が好きになるときは？」と聞くと、「電車で席を譲って喜んでもらえたとき」「朝、早めに出勤して自分の仕事を片づけたとき」という返事。

人は「自分でなにかを実現できたとき」に、大きな自信を得るのです。

小さなことでも、そんなことを積み重ねていくと、不思議と力がわいて、心は穏やかになっていきます。自分のなかに〝信頼〟が生まれるからです。

いつも確認すべきは、「まわりと比べてどうか」ではなく、「いま、自分のするべきことに集中できているか」ではないでしょうか。

まわりの目は振り回されるのではなく、〝利用〟する

「みんなはどんな状態なのか?」「まわりは自分のことをどう思っているのか?」

そんなことばかりを考えて、まわりの目にとらわれてしまうと、振り回される、窮屈になる、自分を見失う、生きづらくなる……と、あまりいいことはありません。

しかし、一方で〝まわりの目〟があることが、自分に力を与えてくれたり、自分を律したり、成長させてくれたりすることがあるものです。

たとえば、有名なスポーツ選手などは、「みんなの応援のおかげで、ここまでやってこられました!」などと言うことがありますが、自分に期待をして見ていてくれる人がいるというのは、大きな励みになるものです。

また、女性であれば、「まわりの目を気にしなくなったら、途端に緊張感がなくなって、見た目が崩壊する」と実感する人は多いでしょう。

恋愛をしている女性は、きれいになるもの。「少しでもかわいいと思われたい」「スタイルがいいと思われたい」といった気持ちが自然に反映されるからです。

まわりの目は、〝振り回されるもの〟ではなく、〝利用するもの〟。

その判断基準は、「エネルギーがわいてくるかどうか」でしょう。

まわりの目を気にして動き、ヘトヘトに疲れたり、イライラしたりしていたら、それは振り回されているということ。まわりの目が、前に進むためのエネルギーになっていたら、それはありがたく利用させてもらっているということです。

その軸となるのは、「私はこうしたい」という自分の欲求です。

ある作家がこんなことを言っていたことがありました。

「だれも私のことを認めてくれなかったから、いつか見返してやろうって思ったの。〝認めてもらえない〟って大きな原動力になるよね」

創作活動をする人は、人の間で生きるゆえの不満や寂しさといった〝飢餓感〟が、突き動かす力になることがあります。マイナスの感情も大きな利用価値があるのです。

人として生きる以上、「まわりの目」は死ぬまでついて回ります。

ならば、それをエネルギーに換えていったほうがトクだと思いませんか？

「みんな言ってますよ」という人の世界は狭い

「○○って、〜〜ですよね。みんな言ってますよ」

そんな発言にモヤッとする人は多いのではないでしょうか。

先日、数人で雑談をしているとき、ある女性がこんなことを言っていました。

「男の人はみんな若くてきれいな女性が好きですよね。女はお金持ちの男性が好き。みんなそう言っていますよ。それが普通でしょう?」

「みんなってだれ? いつの時代のこと?」と別の女性がツッコむと、

「ほら、テレビとかでよく言ってるじゃないですか〜〜」とハッキリしない。

結局、ツッコんだ女性も議論するのがバカバカしくなって「まぁ、いいけど」と終結しましたが、モヤッとしたものは残ったかもしれません。

職場などでも、「○○さんのこと、みんなが〜〜って言ってますよ」と自分に矛先《ほこさき》が向かって、「みんなって、だれよ?」とうろたえてしまうことがあるでしょう。

でも、こんなときの〝みんな〟を冷静に見ると、大抵、本人以外のひとりかふたり。「そうだね」とやんわり同意を示しただけの人もカウントされているかもしれません。

つまり、その人の世界はたいへん狭い。にもかかわらず、みんなという隠れ蓑《みの》を使って、自己主張をしようとする卑怯《ひきょう》な手法が〝モヤッ〟の正体ではないでしょうか。

「みんなが言うこと＝正しい」と、相手を従わせようとする子ども騙《だま》しな発言です。

子どもが、親に対して「みんな持っているよ。自分だけもっていないのは嫌だよ」と言ってゲームやおもちゃを買ってもらおうとするのと、さほど変わりません。

そんなときに、こんなひと言で撃退する親もいるのではないでしょうか。

「よそはよそ。うちはうち」

同じように「みんなが言っている」と言われたら、「あなただけがそう思っているのね」と解釈して、相手と自分の間に線を引き、そのままのスタンスでいましょう。

ほとんどは気にする価値はないので、「そうなんだ〜」でスルーすればＯＫです。

口グセのようにしつこいときは、ピシッと「みんなってだれ?」と聞いてもいいかもしれません。ともかく真に受けて「え?　そうなの?」とうろたえるだけソンです。

「ありのままの自分」を基本につき合う

ここまで「人と違った自分でいい」というようなことを書いてきましたが、「我が道を行く」では孤独になるのでは？と思う人もいるかもしれません。

しかし、不思議なことに、まわりの目を気にして振る舞っていたときよりも、まわりとの〝つながり〟を強く実感するようになるのです。

人が孤独になるのは、集団のなかで「自分だけが人と違う」「人よりも劣っている」「阻害されている」といった「つながりたいのにつながれない」という状況です。

「まわりに合わせなければ」「同じようにしなければ」と考えているからです。

これが「人と違う、ありのままの自分でもいいのだ」と〝自分〟を軸にすると、「自分には欠けているところがあるから、人に助けてもらえなければ、生きていけない」という気持ちになり、人との〝つながり〟に心から感謝します。

私も「みんなに嫌われたらどうしよう」「ダメな人だと思われたら……」と、自分をとり繕《つくろ》っているときは、つねに心が縮こまり、孤独がつきまとっていました。

「ありのままの自分でつき合って、それで嫌われたら、しょうがない」

そう開き直ってから肩の力が抜けて、親密な関係が増えてきました。自分の足りないところも、「気にしなくていいよ」とあたたかい目で見てくれる人も出てきました。

いえ、そんなあたたかい目はずっと近くにあって、「自分はこのままではつき合えない」と思い込んでいたのは、自分だけだったのかもしれません。

「自分はどう思われているのか？」と人の目が気になるときは、自分のことも、他人のことも、猜疑心《さいぎしん》でいっぱい。いまのままでもじゅうぶんつき合えるし、人も受け入れてくれると思えないのです。

まわりの目が気になるときは、「いまの自分で、じゅうぶん大丈夫」と、おまじないのようにつぶやいてください。まわりの人の言ったことが気になるときは、「とって食われるわけじゃない」とつぶやいてください。

「いまの自分で大丈夫」を軸にすれば、まわりの人たちもそれでいいと思えてきます。相手の都合に合わせたり合わせてもらったりして、しなやかな対応もできるのです。

「好かれること」ではなく、「好きになること」が先決

「まわりは自分をどう思っているのか」と気になってしまう人は、ちょっと視点を変えて、こんな質問を自分にしてみてはどうでしょう。

「〝自分〟はまわり（相手）のことをどう思っているのか？」

恋愛は別として、なにかわだかまりがあって、あまり好意的に思えない関係ではないでしょうか。自分が好きでない相手に「好かれたい」というのも虫のいい話かもしれません。たとえば職場で、「自分は評価されていない」と落ち込んでるとき、相手のことを好意的に思えないでしょう。

それは当然。人は、自分にストレスやプレッシャーを与える人たちのことを嫌いになるのです。しまいには、「どうしてあの人はああなのか」と憎しみさえわいてきます。

そんな気持ちで接しても、人間関係はよくなるはずはありません。

「相手に好かれること」よりも、「自分が好きになること」のほうが先決です。

まずは、「あの人はひどい」などと感じたら、少し立ち止まって、「いや、そんなこともないいんじゃない？」と、その〝妄想〟を疑ってみましょう。

そして、「なかなかおもしろい人だ」と考えてみましょう。無理をして相手を好きになる必要はありませんが、「おもしろい人」と考えると、客観的に見えて、いいところも、そうでないところもある親しみのある〝キャラクター〟のような気がしてきます。

そんな好意的な目で見ていると、人間関係がそれほどこじれることはありません。だれだって、好意的に接してくれる人を悪いようにはしたくないもの。何より、自分から好きになったほうがラク。笑顔で接することができるようになります。

「どうしても好きになれない」という場合は、次の３つの言葉だけはしっかりと。

「こんにちは」「ありがとう」「ごめんなさい」

まわりを怖がっているときは、こんなあたりまえのことも言えなくなっています。

人間関係は鏡のようなもの。自分が好意的に思えば、相手もそう思ってくれる。嫌いだと思えば、相手もそう思う。自分のなかにある〝嫌悪感〟はさっさと手放してしまいましょう。

「本来の目的」に目を向ければ、〝まわりの目〟を手放せる

人前で何かするときに、ガチガチになってしまった経験はありますよね？

私もそう。最初の講演のときは、頭が真っ白になったほどです。

でも、あるときから、それほど緊張しなくなったのです（まったくではありませんが）。

それは、「自分がどう思われるか？」ではなく、「相手のために何ができるか？」だけを考えて話すようになったから。もう少しタネを明かすと、観客のなかのうなずいてくれそうな人をターゲットにして、その人に向けて話すようにしたのです。

もちろん、来てくれているすべての人に話しているのですが、「こんなにたくさんの人が見ている」と思うと、足がすくむ感覚に陥ってしまいます。

ひとりの人に「ちょっと聞いてくれる？」とおしゃべりをする感覚で、「何を話した

らいい?」「どんなふうに話したらわかってもらえる?」「この人を笑顔にするには?」と考えながら話していると、あっという間に時間が過ぎてしまいます。

「人に喜んでもらいたい」という本来の目的から目を離さずに、まっすぐにとり組んでいれば、「人からどう思われるのか?」なんて、吹き飛んでしまうのです。

職場で「自分は嫌われているのではないか?」と思うときも、「私は給料をもらうためにここにいる」「とりあえず3年働いて、次のステップにする」など自分の目的をハッキリともって淡々ととり組んでいれば、まわりの声はどうでもよくなってきます。

仕事でミスをしてまわりに迷惑をかけたときは「自分がどう思われるのか」ではなく、「まわりの怒りを鎮めるには?」「迷惑をかけた代わりに、できることは?」と動いていると、余計なことは考えず、それを挽回するパフォーマンスができるはずです。

大切なのは、「いま、ここでなにができるのか?」と考えてそれに集中すること。

「まわりの目が気になる」というときは、自分に「〝いま〟にちゃんと目を向けている?」と声をかけてあげてください。

無我夢中の「無我」とは、自分に囚《とら》われる心を手放すこと。〝自分〟を忘れるほど夢中になってなにかに取り組むことも、心穏やかに生きる知恵かもしれません。

悪口は言わざる、聞かざる

人の悪口を言うのは、ちょっとした〝快感〟があります。

とくに「そうだよね〜〜」とだれかが共感してくれると嬉しいもの。嫌われている人がいたり、ギスギスしている職場などは、つねに悪口や噂話で盛り上がります。

悪口の本質は、自分の心を癒やすための〝ガス抜き〟なのです。

しかし、悪口の矛先が自分に向けられると、心穏やかではいられないでしょう。

そんなときも、〝当事者〟ではなく、〝傍観者〟として上から見下ろしてみると、「みんなガスがたまっているなぁ」と、そこに闇があることがわかります。自分のことをよく知らない人たちが、一面だけを見て批判することに反応しなくてもいいのです。

悪口というのは、いつでもどこでも発生するものです。仕事ができれば「調子にのっている」と言われ、仕事ができなければ「ダメな人」と言われる。美人であれば嫉妬の対象になり、そうでなければ下に見られて悪口を言われることもある……。

どうやっても何か言われるなら好きなように生きたほうがいいと思いませんか？

あれこれ叩かれても動じない人というのは、〝他人〟が認めてくれなくても、「私はこれでいい」と〝自分〟で自分を認めているから堂々としているのです。

私も「○○さんがあなたのことを、～～って言ってたよ」と言われることがあります。そういうときは、○○さんではなく、告げ口した人の気持ちであることが多いもの。実際はだれかがふともらしたひと言が、数倍大きく表現されていたりします。

私は自分の身を守るために、悪口というものを信用しないようにしています。

「自分にとって必要な言葉かどうか」だけで判断します。ときには、「耳が痛いけど、それは気をつけよう」ということもあるので、それは謙虚に受け止めます。

そして身を守るために、自分は悪口を言わないほうがいい。毒のある言葉は、毒の連鎖を生みます。愚痴を言いたいときは、そこに関係しない信頼できる人のところで。

人に恨みをもたないことで、不幸から身を守っていきましょう。

〝上下〟を競う「マウンティング」は〝個性〟でかわす

職場や同級生、ママ友など女性同士の間で、「なんか上から目線で〝マウンティング〟されているような……」とモヤッとしたものを感じることはあると思います。

「へー。ハワイに行ったの。私なんか数え切れないくらい行ってるけど、いいよね」

「お金があっても幸せとは限らない。夫の家は資産家で、財産分与でもめたから……」

というように同調や自虐に見せかけて、「私ってすごいでしょ」と絡めてくる。マウンティングとは「他人より自分が優位に立とうとすること」で、そこには、あからさまな自慢はしたくないけど、「私のこと、認めてよね」という〝承認欲求〟があります。

女性同士の間でマウンティングが起こりやすいのは、男性の年齢や立場というわかりやすい序列に比べて女性同士は序列が見えにくいことがあるからでしょう。動物学的にマウンティングは「序列をつくることで集団を安定させる」という説もあります。

マウンティングされて、「そこまで認めてほしいの?」「本当は自己肯定感が低いのね」と心でマウンティングし返しても、〝序列ゲーム〟からは抜けられないでしょう。

現実的にまわりを見渡してみると、「マウンティングなんてあるんですか?」とまったく気にしていない人もいます。そんな人というのは、人を〝序列〟や〝優劣〟でなく、「いろいろな人がいるものだ」と〝個性〟で見ているのです。

「序列タイプ」「個性タイプ」、どちらの要素もある「混在タイプ」で見ると、相手の言動が納得できます。マウンティングされたとき、「あぁ、序列傾向が強いのね」「まぁ、それもこの人の個性だ」とこちらは個性タイプでかわすといいでしょう。

〝マウンティング〟というのは狭い世界のなかで起きている序列です。そこだけの世界で生きていると、暗黙のルールに縛られて、しんどい思いをすることになります。

趣味や友人関係など、ほかの世界をもつことも現実的な解決策でしょう。

歴史や海外、さまざまな人の人生など思いっきり大きな世界に目を向けることも、小さな世界を俯瞰することになります。「そもそも人間に優も劣もないんじゃないの?それぞれが限られた一生を懸命に生きているだけ」というところまで達観できたら、序列ゲームなんてどうでもよくなるのではないでしょうか。

「NO」を言うことを気にしない

まわりの目を気にする人は、断れない人が多いようです。「嫌われたくない」「いい人と思われたい」ということもありますが、「せっかく頼んでくれたから」「相手も大変そうだから」と相手を優先するやさしい面もあって、期待を裏切れないのです。

しかし、断れないままでは、自分がつぶれてしまうでしょう。たとえば、職場で仕事を頼まれて、無理をしてしまうと、大量の仕事を抱え込むことになったり、自分の時間がなくなったり、いいように使われて「なんか自分だけソンしてる」と思ったり。

いちばんよくないのは、断れないことで、相手のこと、自分のことが嫌いになってしまうことです。「なんであの人は仕事を押しつけるか」「なんで自分は断れないのか」と、相手への〝嫌悪感〟や〝自己嫌悪〟が発生するのです。

人間関係を気にして断れないのに、逆に、人間関係を壊すことになってしまいます。

断わったくらいでは、人間関係にはヒビが入りませんが、嫌悪感をもってつい余計なことを言ったり、距離を置いたりしてしまうから、関係にヒビが入るのです。

「自分にはNOという選択肢がある」と思えば、断れないことも、相手を嫌いになることもありません。追いつめられるような窮屈感もなくなるでしょう。

私はまわりといい関係であるために、仕事の依頼でも、ちょっとした頼まれごとでも、イベントの誘いでも「するべきかどうか」ではなく、「したいかどうか」で選ぶことにしています。「ぜひともやりたい」と思えば、無理をしてでもやります。

たとえ利益がなくても、「やりたくてやっているから」と、その場かぎりで完結。あとで「あんなにやってあげたのに」などと思わないように。

断り方は、頼ってくれたことに感謝を示したり、相手が納得する理由を伝えたり、「半分くらいはできます」など前向きに断ったりと、いくらでも方法はあります。

ただ、そんなに構えなくても正直に「いまは余裕がなくて」などと言ってもいいと思うのです。ちゃんと断わる正直な人は、わかりやすいので信頼されます。

正直に断ったり、断られたりするから、お互いに気兼ねなく声をかけられます。

頼り合う関係、協力する関係は、「断ること」ができて、成り立つのです。

余計なお世話は「ご親切にありがとう」と受け流す

「あなたのためを思って言うのだけど、白い服は膨張して見えるからやめたほうがいい」「若いんだから恋愛をしなきゃ。女は恋で磨かれるのよ」

そんな「～したほうがいい」「～するべき」といったアドバイスに、イラッとして「余計なお世話です！」と言いたくなることがあるのではないでしょうか。

「余計なお世話」とは、不必要なお節介のこと。プライベートなことに口出ししたり、自分の知識や経験を押しつけたり、SNSで「この動画、ためになるから見て！」と次々に情報を送ってきたり……。お節介な人たちは、まったく悪気はなく、むしろ「いいことをしている」「親切心だ」と思っているから、なかなか厄介です。

「あなたのためを思って……」と言いつつ、本当は自分のためでもある。価値観を押しつけて相手をコントロールしようとしていることに、自分でも気づいていません。

職場の先輩や義母など、「いえ、私はこれでいいので」とむやみに拒絶できないでしょう。自分よりも〝下〟だと思う相手にはお節介を焼きやすいものですが、従うのもストレスがたまり、お節介がやむこともありません。

お節介な人たちは、〝勝手にいろいろ売りにくる行商人〟と考えるといいでしょう。買うかどうかの取捨選択は、こちらですればいいのです。

まずは、頼んでもいないのに、来てくれたことに労《ねぎら》いの意味をこめて「ご親切にありがとうございます」とお礼を伝えましょう。押し売りされたら切り返しはこうです。

「うーん、そういうのもありですね」

ほとんどはこれで察知して引っ込めてくれますが、しつこいようなら「自分でもよく考えてみますね」と、自分で決めることを示しつつ、あえて永遠に〝保留〟に。

ただ、〝お節介おばちゃん〟のような人は、世の中のありがたい存在でもあります。たまに役立つことを言ってくれることもありますし、「自分のことは、すべて自己責任で」ということであれば、つながりの希薄な社会になってしまうでしょう。

「飴《あめ》ちゃん、いる?」と差し出されたときは、食べなくても、とりあえず「ありがとう」と受けとればいいのです。

年齢を気にすると、つまらない人生になる

「もう年だから」と言い訳をして、あきらめてしまっていることはありませんか？

現実的に出産や採用試験など、タイムリミットがあるのは事実。美貌や体力の衰えを感じてしまうこともあるかもしれません。

でも「年相応のファッションをしなければ」「年相応の振る舞いをしなければ」「年相応の暮らしをして、年相応の人たちとつき合わなければ」と、年齢に自分を合わせて縮こまってしまうのは、つまらない。自分の可能性も狭められてしまうでしょう。

「自分のやりたいことをやる」ということにおいては、早いも遅いもありません。その人が「これをやってみたい」と思ったときが、いちばんエネルギーがあるのです。

年齢とは関係なく輝いている人というのは、〝いま自分にできること〟を楽しんでいる人たち。「これからなんでもできるし、始められる」と、〝いま〟と〝未来〟の可能

性を思いっきり信頼しているのです。

「自分の可能性を普通に信じている」ということが、心の若さではないでしょうか。

先日、『新婚さん、いらっしゃい！』というテレビ番組に、80歳を過ぎて東京の成城から熊本の森のなかに移住し、90歳を過ぎて20歳年下の同居人と結婚した女性が出演していました。文化人類学の博士で、森のなかに住むのは長年の夢だったとか。

おしゃれでチャーミングで「おほほほほ……」と上品な笑顔の絶えない〝新婚さん〟に、痛快な気持ちになり、勇気をもらった人もいたでしょう。

年齢を気にする心の奥は、「こんなことをしたら、どう思われるのか」という、まわりの目への〝恐れ〟があります。「そんなのどうでもいい。私は私のやりたいことをやるだけ」とシンプルに考えたら、とてつもなく大きな可能性が見えてくるはずです。

私などは新婚さんの足もとにも及びませんが、20代30代ではなく、40代以降のほうが、本を書き始めたり、海外留学をしたりと、大きな挑戦ができたように思います。

「いまやらないでいつやるの？」と、いい意味で年齢を考えたからかもしれません。

「明日死ぬかのように生きよ。永遠に生きるかのように学べ」というガンジーの言葉のように生きられたら、なかなか濃厚な人生のドラマになるのではないでしょうか。

年下の人にも、わからないことを教えてもらう

女性同士は「そうそう、私も〜〜」という〝共感〟でつながりやすいため、同じ年齢、同じ立場の人とつき合う傾向があるものです。

おたがいに理解し合えるので、〝ラク〟ということもあるでしょう。

年下や年上には、世代間のギャップを感じたり、イライラしたり、遠ざけたりしてしまうかもしれません。

たとえば、職場で後輩たちの足りないところが目について、「こんな常識的なこともできないの？　私たちのころは〜〜」などと思ったりしていませんか？

〝常識〟〝私たちのころ〟と考える時点で、頭が凝り固まっている証拠。「私たちもそう言われてきたかもね」と自分を顧みたほうがいいでしょう。

昔の常識は、現代では通用しないことが多いもの。若い世代から見ると、「自分たち

の価値観を押しつけている」と思われていることもあるのです。

〝年齢〟という枠を取り払って、「〝その人〟がどんなものをもっているか？」と考えると、自分にはない知識や経験をもっていることに気づきます。

自分にできないスキルを、ずっと年下の人がもっていることもあります。

年齢を気にすると、「後輩のほうができるなんて」「年下に聞くのは恥ずかしい」と思いますが、個人同士のフラットなつき合いと考えると、「それ、なに？」「教えて」と聞くこともできる。年下の人は、喜んで教えてくれるでしょう。評価が下がるどころか、むしろ「謙虚でいい人だ」「もっと力になってあげよう」などと思われるはず。

反対に、年下に対して上から目線であれこれ教えたり、イライラする感情を露わにしたりしていると「年上だからって、たいしたことないのに」と思われるのがオチ。

年上、年下は関係なく交流すると「そんな考え方もあるのか！」「世の中には、そんなものがあるのね」とワクワクしながら教えてもらえる。年上の人からは、年の功の知恵を拝借したり、これからについて考えるきっかけを与えてもらったりします。

どんな人にも、〝敬意〟をもつことで心がやわらかくなり、人間関係も、日々の暮らしも豊かになっていくのです。

SNSとのつき合いは目的とルールを決めて

SNSに料理のお弁当の写真をアップしている女性がこう言ったことがありました。

「家族はなんにも言ってくれないから、だれかにほめてもらいたいじゃない？　みんなに見てもらえると思うと、モチベーションが上がってがんばれるよね」

なるほど、そんな使い方もあるのかと納得したのです。ところが、しばらくすると、

「もうやめちゃった。〝映《ば》え〟のためにやってるみたいで、なんだか疲れた……」

このような〝SNS疲れ〟は、多くの人が経験しているのではないでしょうか。

ほかにも「コメントや返信が気になって、頻繁にチェックしてしまう」「フォロワーの多さを競ってしまう」「他人の充実した生活を見てなぜか落ち込む」「メッセージ対応が面倒」などSNSを利用しているつもりが、逆に振り回されることになってしまう。〝承認欲求モンスター〟になって、実際よりも自分を大きく、よく見せようと躍起

になったり、評価に一喜一憂したりする人もいるでしょう。

ＳＮＳは、簡単に人とつながれて、情報を得たり、意見交換をしたりするのに便利なツール。ですが、ほどほどの距離感がないと、やりたいことをやる時間やリアルな人間関係をつくること、プライバシーなど別なものを失ってしまうリスクもあります。

やはり生きていくのに大きな影響を与えてくれるのは、実際に自分を見て評価してくれたり、助けてくれたりする人間関係。ＳＮＳはそのきっかけをつくったり、コミュニケーションを補填《ほてん》するものとして使えますが、そんな関係だけでは、深いつながりや、ほんとうの満足や幸せにはたどり着かないでしょう。

【ＳＮＳとうまくつき合うための２つのポイント】は……

１　自分の目的をハッキリさせる

仲良しグループで交流する、ママ友との連絡に使う、仕事の宣伝、学習のためなど。

２　自分なりのルールを決める

１日３回だけチェック、休日は通知オフ。リアルな知り合いだけとつながるなど。

ＳＮＳの使い方は過渡期。どんな新しいサービスを利用するにしても、求められるのは、その価値とリスクをわかって「自分はどんなふうに使うか」という軸なのです。

情報の暴飲暴食をやめる

情報過多の時代。多くの人は、大量に流れてくる情報の暴飲暴食で、胃もたれを起こしている状態のように感じられます。

インターネット、テレビ、広告メール、メルマガ、雑誌……それらの情報の多くは、いわゆるジャンク的なもので、差し出されるままに受けとっていると、途方もなく、時間とエネルギーを要します。しかも、情報の更新スピードがどんどん速くなっているため、新しい情報を「もっともっと食べなきゃ」と処理し続けているのです。

情報過多の弊害はいろいろとありますが、いちばんは情報に気をとられて、大切なことが見えなくなってしまうことではないでしょうか。

情報を受けとるのに忙しくて、「いま、するべきこと」に集中できないのです。

また、情報を鵜呑《うの》みにする習慣は、自分で考える力を衰えさせます。

海外で日本のテレビ番組のコーディネーターをしている友人は、よく「もっとおもしろいことはないのか？」と要求されるとか。で、こう嘆くのです。

「どこへ行っても、ほとんどは普通の日常があるだけ。一部だけを切りとって大げさに歪曲《わいきょく》した情報を受けとっていると、自分でおもしろがる力はなくなるよね」

刺激的でもない日常からも、自分で何かを発見したり、おもしろがったり、楽しんだりする力が失われていくのではと。

通勤電車のなかで、スマホをしまって見渡してみると、さまざまなおもしろいことに気づくかもしれないし、ふとしたひらめきがあるかもしれません。自分の目で見て考えたり、自分の心で感じたりすることが、知性や想像力につながっていくのです。

情報の暴飲暴食をやめるには、〝ついつい〟〝だらだら〟をやめることでしょう。ネットは基本的に必要な情報だけを見る。テレビはつけっぱなしをやめて、好きな番組だけ見るというように、受け身ではなく、こちらから欲しい分だけ能動的に取りに行くのです。あとの情報は、できるだけ目に触れない工夫が必要です。

情報が正しいとはかぎりません。情報ソースを厳選することや、「それって本当？」と疑ってみることも、情報過多時代を生き抜くリスクヘッジなのです。

第3章

自分のコンプレックスを〝気にしない〟

自分のコンプレックスを気にしているのは、自分だけ

ほとんどの人は、なにかしら〝コンプレックス〟や〝劣等感〟をもっていると思います。女性であれば「目が小さい」「鼻が低い」「歯並びがよくない」「下半身デブ」「背が高い（低い）」といった容姿のことから、「学歴がない」「収入が低い」「話ベタ」といった性質的なものまで、いろいろとあるでしょう。

最初にお伝えしておきたいのは、「自分のコンプレックスを気にしているのは、自分だけ」ということです。

他人が人のコンプレックスについて、あれこれと真剣に考えることはないでしょう。

そもそも「どうしてコンプレックスをもつのか？」というと、答えは簡単。

人と〝比べる〟からです。「自分の存在を確かめたい」「〝下〟に見られたくない」「自分も認めてほしい」とまわりをキョロキョロする比較は、人間のクセのようなも

の。私たちは、子どものころから「○○ちゃんはかわいい」「頭がいい」などと比較をされて、一喜一憂してきたので、そのクセをなかなか拭い去ることはできません。

しかし、私たちが日ごろ、「みんなに比べて私は～～」「あんなふうに～～だったらいいのに」としている比較はよくよく考えてみると、非合理な〝妄想〟にすぎません。

比較しているときは、他人の「もっているもの」と自分の「もっていないもの」を一点だけで比べていて、最初から負ける戦いをしている。「隣の芝生は青い」というように、他人のものはよく見えるもの。実際は隣の芝生も枯れていたり、雑草が生えていたりするのに、そこは見えなくなってしまうのです。

コンプレックスを気にしていると、すぐにクヨクヨと落ち込んだり、対人関係に影響が出てきたりと、あまりロクなことはありません。

いちばんよくないのは、自分を信じられなくなってしまうこと。「どうせ自分なんか」「私はダメだから」と勝手な決めつけをして、縮こまってしまうのです。

まずは「隣は隣。自分の芝生をきちんと育てていこう」と思うことから。

隣の芝生ばかりに目を向けてクヨクヨしていると、自分の庭で花が咲こうとしていることにも気づけないのです。

コンプレックスに、いいも悪いもない

落ち込んだり、引け目を感じたりする〝コンプレックス〟は、自分だけが気にしているると前項で書きましたが、コンプレックスって「悪いもの」なのでしょうか。

かつて婚活ビジネスの会社で働いていたことがあります。

女性は「太ってますけど、大丈夫でしょうか」「あまり社交性がなくて……」などと気にしますが、相手の男性は「まったくそれは問題ありません。ただ、なんとなく話がかみ合わないんですよね」と違ったところを指摘することがあります。

私から女性を見ても「そこがあなたの素敵なところでしょう！」というポイントでクヨクヨしていることが多い。少しぽっちゃりしているのは、やさしく、あたたかい雰囲気になっているし、自分から話す社交性がなくても、代わりに相手の話はよく聞いている。自分が欠点と思うことは、逆さから見ると、長所になることもあります。

〝長所〟〝短所〟というのも勝手な決めつけ。ただ〝個性〟が存在する、得手不得手があるというだけです。たとえ、だれが見ても「劣っている」と思うことでも、自分まで「ダメー！」とジャッジをすることはないでしょう。

コンプレックスを気にしている人は、他人を見るように、こんな言葉を自分にかけてみませんか？

「それがいいんじゃない！」

たとえば、「目が腫《は》れぼったい」という人は、「それがいい」と考えてみると、知的で落ち着いた雰囲気になっていたり、親しみやすさがあったりと、プラスにも作用していることに気づくはず。「ノロい」なら、その分、慎重、確実ということもあります。〝個性〟を受け入れることで、「そんな自分だから、できることがある」という発想にもなるでしょう。欠けている部分は、ひとつの個性や魅力にもなるのです。

不美人であれば、心を大切にするパートナーと出会う確率は高くなります。

仕事ができなければ、競争社会から一歩離れて人を癒やすことができます。

〝コンプレックス〟には必ず「利用価値」があるもの。「これはこれでいい」と受け入れることが、〝コンプレックス〟とうまくつき合っていくヒケツではないでしょうか。

弱みをさらけ出せる人は、愛される

シングルマザーの友人は、最初に会ったときから、ものすごく正直な人でした。

「私、家庭の事情で中卒なんですよね。だから、いろいろ資格をとってきました」

「世間からみると、私は母親失格。中学生の娘を置いたまま、1週間、出張に出ることもありますから。おかげで、自分でなんでもできる娘になりました」

「どんな自分もさらけ出せる人は、カッコいいいな」と思ったのです。

反対に、欠点を隠したり、威張ったりして、自分をよく見せようとする人は、カッコよくない。「自分にはコンプレックスがあります」と言っているようなものです。

友人は、社会から見ると、〝欠点〟と思われるようなことも、自分ではまったく気にしていない。「それでも、なんとか生きてこられたし、娘もなんとか育っている」という本当の意味での〝プライド〟があるのでしょう。

自分のことをそのまま受け入れて、他人との比較のなかで生きていないので、人に嫉妬をすることも、まわりの意見に左右されることもありません。

そんな人と一緒にいると、肩の力が抜けてラク。「自分もこれでいいのだ」と思えてくるのです。

欠点をさらけ出せる〝自然体〟の人は、愛されます。

結局、ありのままがいちばん、魅力的。「よく見られたい」と思って振る舞っていると、きまって不自然になり、ボロが出てきます。なにより自分がしんどいでしょう。

たとえば、仕事で来客のとき、「私、お茶いれるのが苦手なんです。教えてくださ い」と素直に言う人は、「ダメだなぁ」なんて言われつつも、フォローしてもらえます。

「ちゃんとお茶をいれられないなんて常識がないと思われる」と、できるフリをしようとすると、ビクビク、おどおどしながら、お茶を出すことになります。

最初から欠点は見せたほうがラク。それで評価が下がることはありません。できるようにしていて、期待を裏切ったときに評価が下がるのです。

「これが自分なので、よろしく」と開き直ったほうが、愛される。ただし、相手に引かれるような弱点は、悪口や足もとをすくわれる原因になるので気をつけて。

目的を叶えるためには、コンプレックスとか言っていられない

コンプレックスを気にしない人は、コンプレックスを見ないようにしているわけではありません。「それはそれ」として、しっかりと目を向けている人でもあります。自分のやりたいことを叶えよう、成長しようとするならば、自分の長所も短所もわかって、自分なりの方法を見つける必要があるからです。

白状すると、私もいろいろなコンプレックスというか、足りない点があります。ものを書く仕事を20年近くしていても、いまだに知らない熟語が多いし技巧もない。小説家のエッセイを見て「なんて美しい文章なんだろう」と惚《ほ》れ惚《ぼ》れします。

体力もあまりないので、バリバリと書いて、メルマガを発行したり、講演をしたりしている作家を見ると、「なんてパワフルなんだろう」と感心します。

しかし、私のように技巧がないからこそ、わかりやすく書くことはできる。体力が

なければ、時間をかけて、それだけに専念すれば、できるはずだと思うのです。

やりたいことをかなえたいと思ったら、「コンプレックス」とか言っている場合ではなく、「いま、もっているもので、どんなふうに勝負するか」しかないのです。

スポーツ選手でも、高い場所を目指そうと思ったら、「体が硬いのがコンプレックスで……」とクヨクヨしている場合ではなく、体をやわらかく改善するトレーニングをしたり、自分のもっている強みで勝負しようとしたりするでしょう。

自分を知ること。目的をもって自分にふさわしいカタチを追求することが、コンプレックスを気にしなくなる、ひとつの方法です。

容姿にそれほど恵まれていなくても、自分に似合うメイクやファッションをしたり、自分のまわりを明るく、やわらかくするための工夫をしたりしている人は素敵です。

目立つ仕事をしていなくても、自分のできる役割を見つけて人知れずやっていたり、趣味や学びなどをコツコツとやって意外な才能を発揮していたりする人も素敵です。

「できないこともあるが、自分にもできることはある。なんなら、自分にしかできないことだってある」という気持ちで過ごしている人は、年を重ねるほど、どんどん素敵になっていく。コンプレックスは〝伸びしろ〟でもあるのです。

コンプレックスほど強いバネはない

活躍をしている人でも、「昔はコンプレックスがあった」という人は多いものです。

たとえば、スポーツ選手で「病気がちだったから、体を鍛えた」、女優で「厚ぼったい唇が嫌《いや》だったけど、それを強調するメイクにしてみた」、研究者で「いじめられていたから、勉強をがんばった」というように。「こんなのイヤ！」という一見、ネガティブなコンプレックスは、それをなんとか脱しようとする、とてつもない力になるのです。

しかし、あるアンケート調査では、無職の人の約4分の3は、「コンプレックスは悪い影響しかない」「コンプレックスは足を引っ張っている」と答えたとか。

コンプレックスをバネにジャンプする人もいれば、コンプレックスに足をとられてしまう人もいる……。この違いはなんなのでしょう？

ひとつは、コンプレックスを〝動機〟にするか〝言い訳〟にするかの違いでしょう。

もう少し私の話をさせてください。かつて私は何事も中途半端で続かないことがコンプレックスでした。幼いころから習い事も、部活動も続かない。仕事も続かず、採用試験に行くと、履歴書に書ききれないほどの職歴を見た人から「忍耐力がないんですか?」「何をしたかったんですか?」などと聞かれたものです。

そんなことが重なって心底思ったのは、「何かひとつでも、『私はこれができます』と言えるものがないと、世間では信用されない」ということ。

そこで、資格をとったり、スキルを身につけたりと、あれこれ動いてみました。自分が変わらないかぎり、世間の扱いは変わらないと思ったからです。

コンプレックスを気にしているときは「私は~だからできない」「~のせいでできない」と何かに責任を転嫁して、かわいそうな〝被害者〟になっています。言い訳をするのは自分を正当化できるのでラク。でも、苦しみはいつまでもなくなりません。

動いて小さな自信が重なれば、コンプレックスは消化されていくもの。ただし、コンプレックスのバネの力は長くは続かないので、「認められたい」という〝承認欲求〟から、「やりたくてやっている」という〝自己実現欲求〟にシフトしていくことが大事。そこまできたら、コンプレックスにも「ありがとう」と言えるのではないでしょうか。

コンプレックスで悩む人は、じつは自分が好き?

「ありのままを認めましょう」とか「自分を好きになりましょう」といっても、「そんなのはきれいごとで、現実的にはむずかしいでしょ」と思う人もいるかもしれません。たとえば、就活で落ちまくったり、婚活がうまくいかなかったりして、「○○ちゃんなりのいいところがあるよ~」なんて慰められても、「でも実際、ダメじゃん!」と思うでしょう。現代はつねに〝個人〟が比較や評価に晒《さら》されていて、コンプレックスを感じやすい社会構造になっています。しかし、一方で、「コンプレックスに目を向ける」ということは、幸せなことかもしれないと思うのです。

ふと「原始時代の人や、戦乱の続く時代の人はコンプレックスを感じていたのだろうか?」と考えることがありました。おそらく「私はここが劣っている」と思うことはあっても、生きることに必死で、自分について深く考えるヒマはなかったはずです。

海外を旅していて、貧困地域で家族を養うために必死で働いている女性や、災害のあった地域のために奔走している女性を見ると、「この人たちは、〝自分〟というものをどこかに置いて生きている」と感動することがあります。

自分が好きな人も、自分が嫌いな人も、「自分に期待して、こだわっている」という点では同じ。コンプレックスに固執する人は、「自分の理想はこうだけど、実際は違う」から、苦痛なのでしょう。もしかしたら、だれよりも自分が好きなのかもしれません。

ユダヤ人として強制収容所に入り『夜と霧』を書いた心理学者フランクルは、「成功とは自己超越の結果にすぎない」と説いています。自己超越とは、自分を忘れるほど、目の前のことや人のために没頭すること。そこから、成功や幸せ、人格が生まれてくるといいます。これは、東洋の「利他《りた》の精神」と通じるものがあります。

コンプレックスを軽減するために「だれかのために尽くす」ということはむずかしくても、暮らしを丁寧に送ること、仕事に打ち込むこと、家族に心配りをすることなど、一日一日を大事にして、視点を自分から目の前のモノゴトに向けることはできるはずです。そして「こんなに自分のことが気になるなんて、本当は自分好きなのかも」と考えると、自分から適度な距離を置いた、客観的な見方ができるかもしれません。

コンプレックスをもち続けるには体力がいる

整形をする女性は、もともと平均以上の容姿が多いといいます。

そこそこの美人でも、何かのパーツが気になってしょうがないから整形をする。したらしたで、「もうちょっとここが……」と別なパーツが気になって、くり返すこともあります。不美人で「まぁ、私はこんなものだ」とか「ずっと引き立て役だったし」などと思っている人は、さほど気にならないでしょう。

前項で「コンプレックスに固執する人は、自分に期待している」と書きましたが、期待値が高ければ高いほど悶々《もんもん》と苦しみ、不要な焦りや不安を感じることになります。

いい意味で「自分はこんなもんです」「人間って欠けているところもあるでしょう」と期待値のハードルを現実に近づけることで、ラクになることもあるのです。

コンプレックスをもち続けるのは、時間もお金もエネルギーも要ります。「この部分はこれでいい」と思えば、そのパワーを前に進む力に変えることもできるのです。

もうひとつ、コンプレックスに固執することで危険なのは「〜だったら、理想の自分になれるのに」「〜であれば、まわりから認められるのに」と〝たられば思考〟になって〝本質〟を見失ってしまうこと。たとえるなら「あの調味料がないとおいしい料理がつくれない！」と、なかなか手に入らない調味料にこだわっているようなもの。おいしい料理をつくりたいなら冷蔵庫にある手持ちの食材でもつくることはできるし、「いい食材があったから、これをメインにつくろう！」ということもできるはずです。

何かに固執しているときは、少し立ち止まって「そもそも自分はなにをしたいの？」と目的を明確にして、「それってなくちゃいけないの？」と逆さから考えてみるといいでしょう。たとえば、「見た目がよければ、愛されるし、幸せになれるのに」と思っているなら、「愛されて幸せになるためには、見た目がよくなくちゃいけないの？」と逆さから考える。「学歴があれば、もっと稼げるのに」と思っているなら、「稼ぐためには、学歴がなきゃいけないの？」というように。

すると、これまで狭い視点に縛られていたこと、自分なりの方法がいくらでもあることに気づくはず。人生という最高の料理をつくるための手段は、無限にあるのです。

自分を低く見積もると、同レベルのものを引き寄せる

失恋をくり返している友人が、女子会でこんなことを言っていたことがありました。

「私はデブでかわいくなくて、年もとっていて、引け目を感じているので、ずる賢い男性の〝カモ〟にされてしまう。気がつけば男性に振り回されているんですよね」

そのときに、先輩の女性がこう言ったのです。

「あなた、自分を低く見積もりすぎているから、そんな男を引き寄せちゃうのよ。私とつき合える男性はラッキーだって思っていればいいの」

なるほど……と一同、ナットク。

何かの引け目を感じて、自信がもてない、自己肯定できない状態というのは、「自分の価値が低い」という値づけを、自分自身にしているようなもの。知らず知らずに、そんな低価値のオーラを発していて、それに見合った振る舞いをして、それに見合っ

た人が、男女関わらず、集まってくる……。いいことが起こるわけはありません。「いい結果があるから、自分を信じられる」のもひとつの真実ですが、それだといい結果がないと、自分を肯定できないことになってしまうでしょう。「自分を信じられるから、いい結果が起こる」が先なのです。

自己肯定感が低いのも、高いのも、言ってしまえば、〝妄想〟であり、〝勘違い〟です。半分入っている水を「これだけしかない」と否定するのと、「こんなにある」と肯定するのと同じで、価値がないと思えば「ない」、あると思えば「ある」のです。

「事件を起こす魔性の女は、大抵、不美人で太っている」とだれかがいっていましたが、たしかにそんな女性は、「勘違いでは?」と思うほど〝モテ女〟として、堂々と振る舞っています。そんなオーラに、真っ当な男性でもコロリといってしまうのです。

「自分をどんな人として扱ったか」が、「他人にどう扱われるか」になります。「意外に私はモテるのだ」「意外に私はいい仕事をするのだ」「意外に私はがんばりやなのだ」など、「意外」をつけて、そういう人として振る舞ってみませんか。

生まれてから死ぬまでつき合うのは自分だけ。ならば、自分を「すばらしい価値とポテンシャルのある人」として扱ってあげようではありませんか。

ことあるごとに自分をほめまくる

　ずいぶん前、ある女性精神科医と一緒にトークショーをしたときのことです。私が「今日はお客さんが多くて緊張しますね」と言ったら、こう返されたのでした。

「いい話をしようと思うからですよ。私はちゃんと起きて、電車に乗って、ここに来ただけでも、よくやった！　もうじゅうぶんだ！ってほめまくってます」

　なるほど、その考えはいいなと思ったものです。

　私たちは、気がつけば、朝から晩まで自分に〝ダメ出し〟をしています。「もう少し早く起きられないの？」「なんですぐ感情的になるの？」「今日も仕事が終わらなかったね」というように。いい結果を出したり、いい評価をされたりしないかぎり、自分をほめることはめったにありません。自分がいちばん自分に厳しいのです。

　しかし、それでは、一日中、親から叱られっぱなしの子どものように「あなたって本当にダメね」と悪魔の呪文をかけているようなもの。気楽に伸び伸びと生きられず、〝自己肯定感〟も高まるはずはないでしょう。

いまの私は、ことあるごとに「あなたはよくやっている！」「すばらしいところがある！」「やればできる！」と自分をほめていますが、これをやっていると、〝弱点〟が気にならなくなってくるもの。たとえば、「いつも時間にギリギリなんだから」とダメ出しをしそうになるのを「ともかく間に合った！　えらい！」とほめる。「また顔のシミが増えた」と思うことがあっても、「肌のハリはあるよね」「笑顔でカバーできる！」などとほめていると、なんとなく気がラクになってきます。

自分で自分をほめていれば、人からほめられなくても、結果を出せなくても、「これでいいのだ」という気分になるのです。

ほめ方のポイントは、結果を出したときだけでなく、がんばっていること、挑戦したことなどプロセスをほめること。「こういうところはいい」とポイントをほめること。小さな親切をしたことや、小さな成長など、小さなことをほめること。

そんな愛のある〝ほめ〟は、クヨクヨした気持ちを、サッサッとホウキで掃くように、追い出してくれるのです。

「自分はダメだ」という考え方にもいいところがある

コンプレックスを抱えてクヨクヨを引きずっているのは、あまりいい影響がありませんが、一方で、自分の弱点をわかっていること、自分を不満に思うことも、必要なことではないかと思うのです。

ひとつは謙虚になれること。「自分はまだまだです」「ダメなところもあります」と思っていれば、傲慢《ごうまん》にならず、成長していけます。自分に満足したら終わり。落ち込んだり、不満に思ったりするのは、前向きに生きようとしている〝反動〟ですから。

人間関係においても、謙虚な人は、受け入れてもらえます。

自信満々な人よりも、どこか欠けた部分のある人のほうが、「応援したい」「助けてあげたい」と思われるでしょう。心の痛みを知っている人は、人にも優しい目を向けて、共感や理解をすることができます。

そう。私が「欠点があったり、クヨクヨしたりすることにも、いいところがある」と思う最大の理由は、人とつながれることなのです。

弱点があるからこそ、人の力を必要とするのではないでしょうか。

十数年、パートナーと暮らしている女性がこんなことを言ったことがありました。「自分はひとりで生きられるつもりで、もっと人生を楽しみたいと彼と一緒にいたけど、実際はおたがいにできないことをカバーしたり、話を聞いてもらったりと〝補い合っている部分〟のほうが大きい。一緒にいる意味がやっとわかった」

仕事や地域などの人間関係でも、すべてのことが完ぺきにできる人ばかりだったら人の手を借りなくてもいいのでしょうが、それでは孤独になって、人のあたたかさは感じられないことになります。完ぺきでないから、おたがいに手助けすること、教えること、共感することなど、人と関わることができて、自分の役割もできていきます。

昨今はなんらかの同じ境遇にある人同士が、インターネットサイトで情報交換したり、励まし合ったりすることもあります。つながることで救われる人もいるのです。

「弱点があるのは、悪いことばかりではない」とわかっていれば、むやみに悲観的にならず、弱点ともつき合っていけるはずです。

「マイペース」で競争社会から自由になる

「負け犬」「勝ち組」という言葉に象徴されるように、社会のなかにおける〝状態〟によって、コンプレックスをつくり出すことがあるかもしれません。

たとえば、数十年前、「未婚で子どもがいない人は負け犬」というようなことを書いた本がありましたが、「へー。私は負けなんだ」と意識した人は多かったでしょう。

結婚したらしたで、「子どもがいる人は勝ち、いない人は負け」。子どもがいたらいたで、「子どもが優秀であれば勝ち。落ちこぼれていたら負け」というように、何か欠陥があるかのような敗北感に打ちのめされる人がいるのではないでしょうか。

しかし、当然のことながら、人生には競争なんてありません。

「私は、結婚も子どもも望んでいませんが、何か？」という人もいるし、「子どもは優秀でなくても、元気であればいいですけど、何か？」という人もいるでしょう。

だれが決めたかわからない価値観の土俵に乗っかって、コンプレックスをもつと、〝自分の人生〟が見えなくなってしまいます。自分よりも勝っている(と思う)人に嫉妬をしたり、自分を責めたりして、ヘトヘトに消耗することになるでしょう。

この土俵から降りる道のひとつは、「他人との〝戦い〟」ではなく、「自分との〝闘い〟」にひたすら目を向けることです。〝戦い〟とは、優劣を競う勝負、〝闘い〟とは、困難に打ち勝つ闘い、自分の望むものを手に入れる闘いといったものです。

求めるものはそれぞれ。家族のためにがんばる、よりよい人間になる、世界平和のために尽力するなど、満足を得るためにマイペースに進んでいけばいいでしょう。「いまのままで満足。別に欲しいものはない」「目標とかなくて毎日が精いっぱい」という人も、一日のなかでするべきことをクリアしたり、怠け心と闘ったりと、なにかしらの満足を得るためにがんばっているのは事実。結局、幸せというのも、人との〝競争〟ではなく、〝自己満足〟のなかにあるのではないでしょうか。

戦いに負けたスポーツ選手が「やれることは精いっぱいやったので悔いはない」と爽やかに言うことがありますが、自分との闘いには勝利したということでしょう。「どんな状態か」より「どんなふうに生きているか」のほうがずっと重要なのです。

効果的な〝自分磨き〟の方法とは

〝個人〟としての価値が問われる時代。女性もファッションや体づくりなど外見を磨いたり、習い事やセミナーに通ったり、資格をとったり……と〝自分磨き〟に精を出している人が多いようです。「自分の価値を高めたい」「できることを増やしたい」と精進するのは、すばらしいこと。新しい世界を学ぶのはいい刺激になり、成長を実感すると、自信にもなるでしょう。

ただ、〝自分磨き〟には、思わぬ落とし穴があります。

まず、コンプレックスに執着して、それを克服するための自分磨きは、あまり自分を輝かせることになりません。「字が汚いからペン字を習う」「体力がないからジムに通う」「料理教室で学ぶ」といった結果が出やすいものならいいでしょう。

しかし、やっていても楽しくないことをやったり、みんながやっていることをやろうとしたりするのは、時間とお金とエネルギーが要り、やればやるほど才能の有無を思い知らされることになります。

なかには「このままの自分ではダメだ」という不安や焦りから、手当たりしだいに習い事をしたり、流行《はや》りの資格に飛びついたりする人もいますが、そんな場合は大抵、中途半端になって、自分磨き自体が目的になってしまいます。

それよりも、自分の興味のあること、得意なことを絞って、それをだれにも負けないレベルまで高めていったほうが、断然、輝けるし、自信になります。

たとえば職場でも、「これは得意分野です」「これならできます」というスキルや知識があると、一目置かれたり、頼りにされたりするでしょう。

求められること、自分の役割を見つけることで、自信がつくのではないでしょうか。

昭和の実業家や政治家に影響を与えた思想家、中村天風のこんな言葉があります。

「いのちの力の使い方――力を入れることに重点を置かずに、力を働かすことに重点を置く」。どんな人でも、なにかひとつは、得意だったり、人からよろこばれたりするポイントがあるはずです。そこに重点をおけば〝やりがい〞になって、自然に才能になり、輝きを放つのかもしれません。

「いま、もっているもの」に目を向ける

コンプレックスを気にしていたり、他人をうらやんだりしているとき、「なんか自分はソンをしている」「人生って不公平だ」と思ってしまうものです。

世の中には、美人で仕事ができて、性格もよくて……と、天から二物も三物も与えられている人がいるのに、それに比べて私は……と嘆いてしまうかもしれません。

でも、あなたがもっているものは、そんなに魅力がないのでしょうか?

〝コンプレックス問題〟を、簡単で確実に解決する方法は、「いまもっているもの」に感謝する習慣をもつことです。

人間というもの、他人がもっていて、自分がもっていないものには、必要以上に価値を感じてしまうもの。反対に、自分がもっているものに対しては、すっかり慣れて、その価値が見えなくなってしまう傾向があります。

「ありがとう」と感謝する習慣は、「自分がいま、もっているもの」の価値に気づく機会を与えてくれます。ちょっとまわりを見まわしてみてください。

ほとんどの人は、便利なものに囲まれて、安全で快適な暮らしをしているでしょう。家族や友人がいること、元気に仕事ができること、食べるものがあること、毎月の収入があること、欲しいものを買えること……。いま、ここに生きているだけで感謝できるネタには事欠きませんが、それはすべての人に与えられたものではないのです。

見た目や性格、能力、過去などコンプレックスがあっても、「私はいろいろなものを持っている」と感謝していると、ほかのいい点や長所が見えてきます。コンプレックスも貴重な財産。原動力になったこと、学んだこともあるでしょう。

私たちがもっているいちばん貴重な財産は、なんでしょう？

それは、生きている〝時間〟。

若い世代は、成長する時間が与えられています。年を重ねた人は、ゆたかな時間を味わえます。時間は永遠にあるわけではない、もっともありがたいギフトです。

幸せな人というのは、最高のものをもっている人ではなく、もっているものを最高にしていける人ではないでしょうか。

第4章

仕事やプライベートで うまくいかないことを〝気にしない〟

「これってむしろチャンス？」と考える

私たちは、仕事や人間関係、恋愛、健康問題、家族の問題など、うまくいかない出来事があったとき、「最悪」「ツイてない」「なんでこんなことに……」「あの人はどうしてああなのか」などと考えて、イライラ、クヨクヨとしてしまうものです。

そんなときは、「よくないことが起こった！」という気持ちでいっぱいです。

しかし、それは本当に「よくないこと」なのでしょうか。

私たちは、嬉しいこと、楽しいことは「プラス」、悲しいこと、つらいこと、腹が立つことは「マイナス」と短絡的にジャッジ（判断）してしまいがちです。「成功＝プラス、失敗＝マイナス」「健康＝プラス、病気＝マイナス」「簡単＝プラス、苦労＝マイナス」というように。でも、人生という長期的な視点で見れば、一見、よくない出来事ほど、ものすごく大事なことだったりするものです。

私も20代30代は、うまくいかないことの連続でしたが、「あの場所をくぐり抜けなければ、その先にある喜びにはたどり着けなかった」ということが多々あります。

たとえば、仕事で壁にぶちあたるたびに、うまくいく方法を学んだり、少しずつ人に喜ばれることが増えたりします。人間関係で苦労するたびに、さまざまなタイプの人との接し方を学んだり、そのなかから、かけがえのない友人を得たりします。

そんな〝壁〟にぶち当たらなければ、〝生きるスキル〟はなかなか身につかないのです。かつてよく言われた「若いときの苦労は買ってでもしろ」という言葉の意味が実感としてわかったのは、ずっとあとのこと。「こんなときはこうすればいい」といった生きるスキルを学んでいれば、少々のことはへっちゃら。学んでいなければ、年を重ねてから、もれなく苦労することになっているのです。

プラス思考でも、マイナス思考でもない、〝ブレイクスルー思考〟という考え方があります。「すべてのことは人生にとって意味のあることであり、壁を通り抜ける方法を見つけていこう」と現実的に対処していくものです。

「これは悪いことではない。むしろチャンス？」と一瞬でも考えてみてください。うまくいく方法さえ見つかれば、その先に素敵なことが待っているのです。

他人に期待せず、自分に期待する

世の中には、ざっくり分けて、2種類の人がいるようです。

「まわり（他人）に期待する人」と「自分に期待する人」です。

たとえば、たくさんの仕事を抱えていて、残業が多いとき。

まわりに期待する人は、「上司は私にばかり仕事を押しつける」「残業をよしとする会社の空気がよくない」などと嘆きつつ、残業を続けます。

自分に期待する人は、なんとか残業を回避する方法を探して実行します。

単純に「まわりが変わるより、自分が変わるほうが早い」と思っているからです。

これは「自分のせいにする」とか「自分を責める」といったことではありません。

起こっている現実を「それはそれ」として受け止め、「自分の問題として解決していく」ということです。残業が嫌なら、仕事のやり方を改善したり、上司にかけ合って仕事の配分を調整してもらったり、方法が見つからないときは「いまはこのまま乗り切るしかないが、どうせやるなら、気楽にやろう」と考え方を変えることもできます。心や体が病むほどつらければ、転職すればいいのです。

他人に期待しなくなったら、本当にラク。自分以外のものに期待しては、つねに〝手に負えない問題〟を抱えたままですが、自分に期待すれば、すべては〝解決できる問題〟になるからです。

うまくいかないことの責任をなにかに転嫁するのは、ラクなように見えて、心は縛られたまま。人間関係でも「あの人はひどい」「みんなはどうしてああなのか」などと怒りや憎しみ、不安といった感情をもったままだと、眠れなくなるかもしれません。「まぁ、気にせず、挨拶だけはしておこう」などと考えると、ゆっくり眠れます。

理不尽なことは山ほどありますが、それを嘆いても状況は変わらない。人に期待するほど、心は苦しくなります。大切なのは、自分以外のものを「それは仕方がない」「それはそれでOK」と認めて、〝自分なりの方法（戦略）〟を見つけることです。「何かのせいにしない」と決めるだけでも、心は前を向きます。

自分に期待することは、未来に〝希望〟をもつことでもあるのです。

うまくいかないことを「想定内」にする

結婚後数年で、夫に浮気された女性がこんなことを言ったことがありました。

「いつかやるんじゃないかと思っていたけど、思ったより早かった」

離婚もせずになんとかやっているのは、妻が「そんなこともあるが、二度目は許さない」と大きなお灸《きゅう》をすえ、腹をくくって対処したからでしょう。

「三年目の浮気」「七年目の浮気」が歌や映画になるように、恋愛の熱い気持ちが冷めてきたり、心の奥の欲求が大きくなったりする時期があるかもしれません。

私たちは、結婚や恋愛だけでなく、仕事や人間関係など、何においても「(問題が)何もないのが当然」という前提で生きているものです。

そのため、自分に都合の悪いことが起きると、「ありえない！」とこの世の終わりのように悲観的に考えたり、ジタバタと大騒ぎをしたりして、最後は「もうやってられない！」と〝自爆〟してしまうこともあります。

しかし、自分に都合の悪いことというのは、だれかにとって都合のいいこと。自分に都合のいいことは、だれかにとって都合の悪いことだったりします。

いろいろな事情が重なって、目の前の出来事は起きているのですから、「思いどおりにいかなくて当然」「何かしら問題が出てくるのが当然」なのです。

思いどおりにいかないからといって、生きていけないことはありません。

人生を「うまくいかないことは想定内」と考えて、「まぁ、なんとかなるけど」と淡々と進んでいれば、多くはくぐり抜けていけるものです。

人生というのは、バイオリズムのように、上がったり下がったりをくり返しながら進んでいきます。一見、悲劇的な出来事だと思うことも、それが人生を好転させるために、必要不可欠な出来事だったということは往々にしてあります。

世界の喜劇王、チャップリンの言葉にこんなものがあります。

「人生は近くで見ると悲劇だが、遠くから見れば喜劇だ」

いいことが起きたら「気をつけよう」と慎重に、よくないことが起きたら「そのうち、いいこともある」と楽観的に考えるくらいが、賢明だと思うのです。

「結果主義」ではなく「経験主義」で生きる

よく「失敗を恐れず、挑戦しろ」「成功者はだれよりも失敗した人だ」なんていいますが、多くの人は「失敗したら落ち込む」「自信がなくなる」「できれば安全な道を行きたい」と思っているのではないでしょうか。これが強くなると、「人前に出てしゃべりたくない」「いまさら人に聞けない」「意見を言いたくない」となるでしょう。

〝失敗〟を気にする理由は「恥ずかしい思いをしたくない」「大きなダメージを受けたくない」「やったことを無駄にしたくない」などいろいろありますが、結局、「失敗＝ダメなこと」と思っているのでしょう。子ども時代の「テストでいい点数をとれなかったら怒られる」といった教育や、社会に出てからも「新卒採用で失敗したらいい仕事がない」といったセカンドチャンスの乏しい環境も関係しているのかもしれません。

一方で、失敗をあれこれしているけど、それほど気にせず、どんどん成長していく人もいます。たとえば、仕事で失敗して叱られながらも、何度も挑戦したり、新しい方法を試したり、人にアドバイスをもらったりするうちに、だんだんうまくいくようになっていきます。

どうして、あまり失敗を気にしないのか？というと、「失敗＝単なる経験」と思っているから。いえ、失敗とも思っていない。ひとつの通過点で、「ひとつ学んだから、次はもっとよくなる」と無意識に考えているのです。加えて、「まわりは自分のことをそれほど気にしていない」という思いもあるかもしれません。

失敗を気にする人は、その一点だけの「結果主義」、失敗を気にしない人は、長い目でみた「経験主義」で生きているのでしょう。

私は、世間でいう〝挫折〟を山ほどしてきたので、「経験主義」で生きざるを得なかった、ということもあります。その先、よくなると思わなければ、やってられませんから。

経験したこと、挑戦したこと自体をよしとすれば、失敗してもたいしたリスクはなく、そこから学ぶこと、自信になることのほうがはるかに多いと気づきます。

失敗して、もがきながら得られる、人としての成長もあるでしょう。

〝その先〟を見たら、目の前の結果に一喜一憂しているヒマはないのです。

ミスを引きずる人は、さらなる不運を招く

テレビでフィギュアスケートを見ていて、惚れ惚れと感動することがあります。美しい技をくり出す姿もすばらしいのですが、回転ジャンプに失敗して転んでも、あとの演技を完ぺきにやってのける「切り替え力」を見事だと思うのです。

しかし、なかには、途中でつまずいて、あとの演技がボロボロになる選手もいます。その気持ちは、痛いほどわかるのです。

あなたにもあるのではないでしょうか?

仕事でミスをして叱られたり、まわりに迷惑をかけたりして動揺し、縮こまってしまうことが。言われた言葉がいつまでも残っていて、次の仕事に集中できない。自分を責めてしまって、「できる気がしない」とさえ思えてくる。そして、次の不運を招く……といった、負のスパイラルにハマってしまうのです。

こんなときの頭のなかは、どんな状態になっているかというと、「過去の出来事を、くり返し再現している状態」です。「大変だ〜」「なんでこんなことに……」「あのときああすれば……」と心のざわつきがやまないので、それはミスも犯します。

気持ちを切り替える方法は、これしかないように思います。

「ここからできること」に目を向ける。

たとえば、仕事で重大なミスをしたとき、「ここからできることは？」と考えて、ミスの後始末をしたり、次にいい仕事をしたりすることに専念することです。

よくないことが起こったら、だれもが動揺したり、焦ったりするものですが、すぐさま「ここからできること」「いま、最善をつくすこと」に目を向けましょう。

心のざわつきを手放せば、最高のパフォーマンスもできるのです。

人生においても、うまくいかない毎日が続くと、自信がなくなり、だんだん気力もなくなってきます。そんなときも過去の出来事を思いっきり再現しまくっているもの。

「今日はこれからの人生の始まり」「初めて過ごす一日」と考えると、〝過去〟は過去に置いて、〝いま〟をのびやかに過ごすこともできるでしょう。

気持ちの「切り替え力」は、前を向く力であり、生きる力でもあるのです。

百点を目指すと、行動がにぶる

「今日からは朝型の健康的な生活にしよう」とか「毎日、日記を書こう」などと決めて、〝三日坊主〟になった経験はありませんか?

「なんて自分は意志が弱いんだろう」「根性がないなぁ」と思ったかもしれません。

しかし、三日坊主というのは、意志の力が弱いわけでも、根性がないわけでもなく、「百点満点を目指そう」とする〝完ぺき主義〟が原因だったりします。

だれでも、やる気がない日や、忙しくて実行できない日があるのは、あたりまえ。「できないこともある」と考えて、休んでも続ければ、三日坊主にはなりません。

また、〝先延ばしクセ〟がある人も、完ぺき主義を疑ったほうがいいでしょう。

たとえば、家の片づけでも、全部いっぺんにきれいにしようとするから、「やることが多すぎて嫌だー!」といつまでも放置してしまうのです。

「今日はこの棚だけ片づけよう」「10分だけやってみよう」と部分的に考えれば、サクッと行動することもできるでしょう。

完ぺき主義というのは、自分にダメ出し、低評価をし続ける姿勢です。

仕事やスポーツ、芸術などで大きな力を発揮することもありますが、そればかりでは気力や行動がにぶってしまうでしょう。実際はひとつの完ぺきなものを生み出している人ほど、ほかのところは適当だったり、うまくいかないときは休んだりします。

日々の仕事や生活のタスクでも、すべてやり切ろうとして、「今日もこれだけしか終わらなかった」をくり返していくのは、身も心も疲れるはずです。

【完ぺき主義を手放すための3つのポイント】は……

1　6割できたらよしとする（ハードルを低くする）

2　やることを絞って、やらなくてもいいことは手放す

3　優先順位をハッキリさせる

完ぺきでなくても、たいしたことにはなりません。そもそも〝完ぺき〟や〝百点〟の基準を決めているのは自分自身。現実に寄り添って、「これだけできたら、まぁいいか」と受け入れる姿勢が、明日の気力につながっていくのです。

大きな問題は、小さく分けて考える

「やらなきゃいけないことが多くて、飽和状態！」「大きな仕事を任されて、できる気がしない」というようなことは、だれでもあるものです。

大きな課題がのしかかっていて、いつもそのことが気がかり。なにから手をつけていいかわからず、先送りしているうちに、イライラしたり、だんだん気力をなくしたりすることもあるかもしれません。

その理由のひとつは、〝見通し〟が立っていないからです。大きな課題は「細分化」して実行すると、心のハードルが低くなり、〝見通し〟も立つようになります。

たとえば、私はよく急な引越を決めることがあるのですが、「仕事もあるし、1週間で荷作りができるんだろうか」と途方に暮れてしまいそうになります。

そこで、やるべきことをリストアップして、1週間のスケジュールに落とし込みます。たとえば昼は仕事をして、引越の準備は夜時間の4時間にすることを決め、さらに「いまから30分はこの作業をやろう」と淡々ととり組みます。「ひとりでは手に負えない」というときは、友人に応援を頼みます。計画どおりにいかなくても、細分化して少しずつ進んでいるうちに、「なんとかなりそう」とパーッと視界が開けてくることがあります。気がついたら、たしかに、なんとか完了しているのです。

課題が大きいときは、「やろうと思えばできそうなこと」に、小さく小さく分解してとり組むと、見通しが立つようになります。

計画を立てた段階で「なんとかなる」と見通しが立つこともあるし、少しずつでもやっているうちに見通しが立ってくることもあります。

仕事や生活のタスクだけでなく、語学の習得や、習い事、資格試験の勉強も同じ。「1年後にこのレベルになりたい」「1カ月で問題集をやる」など目標を決めて、やればできそうな日々の課題に落とし込めば、気持ちは軽くなるでしょう。

どんな大きな課題も、小さなことが集まって成り立っています。

あわてず、あきらめず、淡々とこなしていくと、意外に大きなことができるのです。

言いたいことを言うときに気をつけたい「口は禍《わざわい》の元」

昔から「口は禍の元」といいます。うっかりしたひと言が、あとで面倒なことになるのはよくある話。昨今は、政治家の笑いをとるために言った失言がニュースになって辞任したり、芸能人がＳＮＳでつぶやいた言葉が炎上して、謝罪騒ぎになったり。ほんの軽い気持ちが、何十倍の労力を使ってもリカバリーできず、禍根《かこん》を残すことに。

口から出た言葉は、なかったことにできないのです。

私も他人様に対しては、注意深く発言するようにしていますが、親やきょうだいなど身近な人に対しては、つい余計なひと言を言ってしまうことがあります。若いころは上司に対して感情的な「売り言葉に買い言葉」で、気まずくなったことも数知れず。

相手の悲しそうな顔、怒った顔を見て、我に返り、「なんてことを言ってしまったんだろう」と何日も、いえ何年も引きずったこともあります。

そのため、心が乱れているときは、口を慎むことを心がけています。

言いたいことがあるときは「相手のために必要な言葉か」と確認します。

イライラしているときは大抵、自分のイライラを鎮めるために言っていることが多いもの。相手を否定したり、余計な口出しをしたりして気を晴らそうとするのです。

「自分のために相手に言う必要がある」という場合もあります。

そんなときは、できるだけ相手に受け入れてもらえる言い方を考えます。「あなたは～～だ」と相手をジャッジするのではなく、「私は～～だと思う」「～～してほしい」と〝私〟を主語にしてさらりと言うように（ときには強く言う必要がある場合も）。

秘密の話や、人の悪口というのも、あとでもめごとのタネになりやすいもの。ちょっとした快感があるだけに広まりやすく、だれかを傷つけてしまうかもしれません。

話をするときは、自分の身を守るためにも、人を傷つけないためにも、「口は禍の元」を肝に銘じましょう。うっかり失言してしまったときは、すぐさま謝って誠意を示しましょう。

人は言葉によって病むほどのダメージを受けることもあるし、言葉によって元気をとり戻すこともあります。人の心をあたためる言葉を使いたいものです。

マイナスな口グセをやめると、不安から解放される

聞いていてなんとなく不快になる人の口グセがあるものです。

「でもさぁ」「ていうか」「いや、そうじゃなくて」といった逆接から、「どうせ……」

「面倒くさい」「無理」「最悪」「忙しい」「疲れた」というネガティブな発言、「イライラする」「ムカつく」「焦る」といった感情表現までいろいろと。

こんなマイナスの口グセの影響をいちばん受けているのは、自分自身でしょう。

最近、気になったのは、「うーん」と唸《うな》るような口グセ。

なにを聞いてもリアクションは「うーん」。そのあとには「難しいですね」「よくわからないです」「どうかなー」といった否定的な言葉が続きます。

発する言葉と、思考は一心同体。否定的な口グセは、否定的な考えを生み出します。

また、「どうしよう」という口グセの人も、よく困った顔をしています。

「どうしよう」と言っているときは、「もしも、できなかったらどうしよう」「もしも、叱られたらどうしよう」と不安でいっぱい。困るクセがついているのでしょう。

言葉だけでも「たいしたことはない」「まぁ、なんとかなる」と言ってみると、それほど大きな問題ではなく、なんとかなりそうな気がしてきます。思考を変えるのは難しくても言葉を変えるのは簡単。言葉が変われば、思考、感情も後追いするのです。

まずは、マイナスの口グセをなんとなく使っている状況に、自分で気づくことが大事。そして、できるだけ肯定的な言葉、プラスの言葉に変換してみましょう。

「面倒くさい」→「丁寧にやってみよう」、「忙しい」→「なんとか時間はある」、「疲れた」→「よくがんばった！」と自分を励ますように。

言葉を変えるだけで、現実の見方が変わり、明るい方向に動きだします。

イライラ、クヨクヨしているときの最強の言葉は、「ま、いっかー」。

「ま、いっかー」とつぶやくと、「やるだけやったからいい」「考えてもどうしようもないことは考えない」と現実を肯定して進むことができます。

不甲斐ない現実も「私って案外、幸せかも」と言うと、そう思えてきます。

マイナスの口グセで悩みを深くするより、プラスの口グセで気楽にいきましょう。

休むことは、動くことと同じくらい価値がある

仕事がうまくいかないときや、結果を出さねばと焦りを感じているときなど、さらにがんばることで挽回しようとするものです。そして、家にまで仕事を持ち帰ったり、休日も悶々《もんもん》と仕事のことを考えていたり……。

がんばることはすばらしいことですが、それと同じくらい休むことも重要なのです。

なんてことを書いている私も、ずいぶん長い間、休むことを軽視してきました。

「好きな仕事だから、いくらでもやれるはず」という自分への期待のしすぎや、「休んだ分、仕事がとまる」「サボってはいけない」と休むことへの罪悪感もありました。

しかし、どんなに好きな仕事でも、日々限界までやったり、睡眠時間が減ったりすると、疲労がたまってくるもの。集中力がなくなり、効率も落ちて、焦りが出てくる。楽しいはずの仕事も、気が重くなり、目を背けたくなることも……。

目の下にクマができている私を見て、友人がこう言ったことがありました。

「休む時間をつくらなければ、体を壊して一生休むことになりますよ」

そして、その予言に近いことが起きました。ある日、起き上がれなくなり、一生ではないものの、半年近く、ほとんど仕事ができない状態になってしまったのです。

身をもって学んだのは、仕事を続けたい、いい仕事をしたいと思うなら、「時間ができたら休む」ではなく、「最初から休む時間をしっかりと確保すること」。

心も体も、ゴムのようなもので、思いっきり伸びるためには、同じように、ゆるめることも必要。心と体を休ませてこそ、もっている力を発揮できるのです。

休んだ分、効率が上がり、体調が崩れにくくなる。これまでにないアイデアが浮かんだり、意欲が高まったりする……とプラスの効果は、思った以上に大きいもの。

働く女性たちは、会社や家庭の都合に合わせて、つい無理をしてしまうため、休むための知恵と工夫が必要です。仕事はがんばりすぎると増える傾向があるので、２～３割、余裕をもたせて忙しいフリをする。１時間に１回は休憩する。予定を詰めすぎず、毎週１日は「予定のない予定」を入れる。睡眠時間は６～８時間は確保する……というように。「休む力」のある人は、長くがんばれるのです。

布団に入るときには、昼間のことは考えない

「嫌なことがあったら、寝て忘れる」という人がいますが、これは健康的な解決のようです。「泣くほどつらかったのに、ぐっすり寝たらすっきりした」「朝になったら、なんとなくうまくいくような気がしてきた」という経験はだれでもあるでしょう。眠ることで、心と体の疲れがとれて、前に進む力がチャージされるのです。

しかし、一方で「嫌なことがあって眠れない」という人もいます。

「なんであの人はああなのか」と嫌な記憶を再生したり、「あれもこれもやり残してしまった」と反省したり、妙に寂しさがあふれてきて悲しくなったり……。

この違いは単純に、「布団のなかで何を考えているか」が大きいのでしょう。

夜の感情は、昼間の感情よりも強いといいます。夜、思いにまかせて書いた手紙を、朝、読んだときに読むと、気恥ずかしくなった経験があるはずです。眠る前は、不安

や怒りの感情が強くなって、〝気にしすぎ〟〝考えすぎ〟の状態に陥りやすいのです。

どんなに考えても、寝ているあいだに心配ごとが解決するわけではありません。

ぐっすり寝て忘れるためには、布団に入るときには、昼間のことは考えないようにすること。考えるべきことは、朝、すっきりした頭で考えればいいのです。

私は、嫌な気持ちをサッとお祓《はら》いするように、「今日も一日、ありがとうございました」とつぶやいています。やり残したことがあっても、悔やむことがあっても、そのときはそれが精いっぱい。どんな一日でも、すばらしき一日に感謝。

眠る前に考えたことは、それが無意識のなかに入って、ものすごい勢いで大量のデータ処理をしているとか。悩みではなく、「こうなったら最高」ということを考えて寝ると、自然とそうなるための行動をとり、実現しやすくなります。眠っているときの無意識の力は、とてつもなく偉大で、うまくいく方法を考え続けているのです。

そのため、朝起きた瞬間、アイデアがひらめいたり、大事な決断ができたりすることがあります。

心配事があるときほど、睡眠の神秘的な力に思いっきり頼ろうではありませんか。

3パターンの気分転換法をもつ

気持ちがふさいだり、落ち込んだときに、なかなか立ち直れないことがあります。

それは、問題に意識が集中しすぎているから。集中させていた意識を意図的に散らすことで、気分転換、ストレス解消につながることを、まず覚えておいてください。

なんとなくやっているストレス解消法を、次の【3パターンの気分転換法】に分けて考えることで、「今回はこの方法で乗り切ろう」と切り替えやすくなるでしょう。

1　アウトプット型（ストレスを発散して〝充実感〟〝爽快感〟を味わう）

雑多な気分でモヤモヤしているときに、意識を発散する方法。カラオケ、スポーツ、音楽、料理、趣味に夢中になるなど、気分が変わるだけでなく、「気持ちよく歌えた」「こんなこともできた」となにかの成果を実感して、喜びや充実感に。

失恋をした女性がよく、習い事や資格試験に精を出すのも、気が紛れて充実感を得ることができるからでしょう。自信をとり戻すことにもつながります。

おすすめなのは、身のまわりをきれいに整えること。「デスクの上をきれいにしよう」「掃除機をかけよう」「花を飾ろう」と空間を整えれば、気分も一新されるのです。

2 リラクゼーション型（ストレスを癒やして〝安心感〟を味わう）

心と体が疲れているときや、一気に悲しみが押し寄せたときなど、無理に気分を変えようとせず、心をゆるめて過ごす方法。散歩をして自然を味わう、好きな音楽を聴く、アロママッサージをする、ペットとたわむれるなど、心地よく五感を刺激することでリラックス効果は高くなります。疲れているときはコマメに自分ケアを。

3 場所の変換型（物理的に場所を変えて気分転換。客観的に自分を見つめる）

視点を変えたいときは、単純に空間を変える方法がおすすめ。広い海や山に行くと、自分のいる場所を客観的に見られたり、悩んでいたことがちっぽけに思えたりします。仕事や人間関係で行き詰まったときも、外に空気を吸いに行ったり、カフェでお茶を飲んだりするだけで気分が変わります。

気分転換は、平常心をとり戻すことで、〝快楽〟とは別。やけ食いやお酒の飲みすぎ、ショッピングでの発散などは、あとで後悔することになるので気をつけて。

ゆっくり呼吸するだけでも、心は切り替わる

いちばん手っとり早く、確実に心を整える方法は、「呼吸法」です。

緊張したとき、焦ったときなど、血の気が引きそうなときなどに、心を落ち着かせようと、ふーっと大きく息を吐いたり、深呼吸をしたりするものです。

緊張しているときは、呼吸が浅くなり、体も顔もこわばっています。無意識は、深く呼吸をすることが、心と体の緊張を緩めてくれると、知っているのでしょう。

座禅には「調身・調息・調心」という言葉があります。姿勢が整うことで、呼吸が整い、さらに心が整うという意味です。

私がある僧侶から教えてもらって、短くアレンジした【簡単瞑想】をご紹介します。

1　背筋をピンと伸ばして座り、軽く目を閉じる

2　両手をお腹側の「丹田」に置く（※丹田……へその数センチ下あたりにある、気

が集まるとされるポイント。重い荷物をもったときなど力が入る場所です）

3　体のなかにある空気をすべて口からふーっと吐き切る

4　鼻から空気を吸い、少し長めに口から吐く（※息を吸ったときに丹田まわりのお腹が膨らみ、吐いたときにへこむ腹式呼吸で）

5　意識は「心や体の感覚」に向ける。「緊張でドキドキしている」「イライラしている」「胃が苦しい感じ」「手のひらが熱い」「足先まで血液が行き渡る感覚」など、心と体をゆっくりスキャンするように、「いま、感じていること」に目を向けて。

呼吸を10回くり返すだけでも、緊張が緩まり、心が落ち着いてくるのを実感するはず。慣れたら、3分、5分、10分と長くしていきましょう。

呼吸法は、代謝や免疫力のアップ、自律神経が整う、集中力が高まるなど語りつくせない効果がありますが、なかでも「いまに集中する」という心理的な効果は絶大。

心が乱れているときは、未来の不安、過去の後悔や怒りなど雑念でいっぱい。

〝いま〟を、体を使って感じることで、未来と過去の心配ごとは、吐く息とともに追い出されていきます。穏やかな平常心を取り戻すためにぜひお試しを。

日常のルーティンで、自分をとり戻す

スポーツ選手が、ここいちばんの場面で決まって同じ動作をすることがあります。

引退した有名野球選手は、朝起きてから、試合会場につくまでの動作、ベンチに座る場所、食べるもの、バッターボックスまでの歩数まで決まっていたとか。

これらのルーティンは、「自分（平常心）を取り戻す」ためにあります。

あれこれ雑念が浮かんだり、小さな失敗からスランプになったりしては、自分のもっている力を出すことはできません。モチベーションに頼るのではなく、「人の心は弱いこと」を前提に、ルーティンに集中して、自分を取り戻すのです。

私たちの日常生活でも、ルーティンを使うことでこんな効果があります。

＊雑念を振り払って、目の前のことに集中できる
＊何かを始めるための〝スイッチ〟が入る

＊生活のリズムができて、心が安定する

たとえば、私は、仕事を始める前は温かいものを飲んで、1分間〝瞑想〟をします。講演の前は、失言をせず、きれいな言葉で伝えられるように口をゆすぎます。

こうした〝儀式〟をすることで、だんだん仕事モード、講演モードに切り替わり、「これだけに集中しよう」と心の準備が整っていくのです。

ほかにも「起きてすぐにベッドを整える」「出かけるときに鏡で全身をチェックする」「食事の前に手を合わせて感謝する」などの簡単な習慣をもつことで、あれこれ考えることなく生活のリズムができ、心の〝ハリ〟が保たれます。「この場面では、こうする」という〝きっかけ〟をつくることで、習慣化しやすくなります。

あたりまえのことをあたりまえに続けるのは、簡単なようで、意外に難しいもの。一つひとつ小さな達成をしていくのは、小さな自信の積み重ねにもなります。

人によっては、「玄関を出るときは右足から」「大事な場面では○色の勝負服を着る」「毎日トイレ掃除をする」など、ゲン担ぎをする人もいます。確証はなくても、うまくいくことをイメージする、うまくいくと信じる心理的効果は大きいでしょう。

自分に合ったルーティンをもつことは、気にしない心を育ててくれるのです。

他人に話すことでラクになる

「だれかに話を聞いてもらえた」というだけで、心の危機が救われることがあります。解決できなくても、つらい気持ちを吐き出して、「そうだったんだ」「大変だったね」と共感してもらうだけで、〝孤独〟から救われるのです。

「自分はひとりだ」「だれもわかってくれない」と感じる孤独は、不安、怒り、悲しみを増大させ、深く自分を傷つけていきます。

とくに女性は、いつも自分の存在を認めてほしいと思う生きもの。だれかに受け入れてもらうことで、ストレスを軽くし、ほっと安心するのです。

ときどき、自分の失恋話や不幸話を、お笑いネタのようにおもしろおかしく話している女性がいますが、これも立ち直り法のひとつでしょう。他人事のように客観的に自分を見つめられて、だんだん気持ちも整理されてきます。

転職の相談をしているうちに、「そっか。つらい原因はこれよね。解決できれば、転職しなくてもいいかも……」と自分で状況を分析して、解決までしている人もいます。

話すと同時に自分自身でも聞くことで、自分の気持ちに気づかされるのです。

ただし、話を聞いてもらう相手は選んだほうがいいでしょう。「気持ちを吐き出して、スッキリした！」などといいますが、聞く耳をもたない相手に話してもスッキリはしません。「あなたも悪いのよ」と否定されたり、「もっと〜〜したら？」と余計なアドバイスをされたりして、逆に気分が悪くなることもあります。

「ちゃんと聞いてくれる人」であることが必要なのです。

「ちゃんと」というのは、受け入れて、共感してくれるということです。

私は、仕事、人生、家族問題などテーマ別に、話を聞いてもらう相手がいますが、共通しているのは、深刻になりそうな内容でも、最後は笑いに変えられること。明るく、楽しく話せる人なら、心はより軽くなります。

そして自分もまた、相手にとって「この人に話したい」と思われる人でありたいと思うのです。頼り合う人がいるということは、なによりも心強いものですから。

〝ひとり時間〟で、本当の自分を見つめ直す

人に話すことで心の重荷を降ろすことができますが、一方で、自分をとり戻すためには、ひとりになる時間が必要です。落ち着ける家族や友人、恋人であっても、なんらかの影響を受け続け、なにかの役割を演じているもの。「やるべきこと」に追われ続けて、「やりたいこと」「行くべき方向」が見えにくくなっているかもしれません。

ひとりでいれば、自分自身に思いっきり意識を注ぐことができます。

ひとりの時間は、無意識に感じていたこと、本当に望んでいること、いま抱えている問題の決着のつけ方を決めたり、これまでなかったアイデアがひらめいたり。心を解放して、無意識に「どうしたらいい？」と自問自答しているからでしょう。

ひとり時間は、頭のなかを整理する時間でもあります。1日10分でも〝ひとり会議〟をする時間をもって、自分自身に次の3つの質問をしてみてください。

１「本当のところ、どうしたい？」
２「そのためには、どうしたらいい？」
３「いま、するべきことは？」

直面している問題について、テーマごとに会議するのもいいでしょう。

「仕事を効率的に進めるためには？」「資格試験に挑戦するべきか？」「意見が対立した人とどう折り合いをつけるか？」など、一つひとつ考えていくことで、自分なりの解決方法が導き出されます。

「いま、するべきこと」がはっきりして、目の前のことに集中できるようになります。ひとり時間をもつことで、まわりの雑音に惑わされず、一つひとつのことに専念しながら、結果的にたくさんのことを処理していけるのです。

ひとり時間は、感情を整理する場でもあります。「いま、結構イライラしてるかな」と感情を見つめたり、「そこは気にしなくてもいいよ」と心配ごとを手放したり、「なんとかなるよ」とラクに考えたり。自分で自分の感情に決着をつけるのです。

自分に向き合うことで、いまを生きる時間も、人や自分へのやさしさもとり戻す……これが自分の内面を磨いていくということにもつながるのです。

第5章

過去の後悔と将来の不安を〝気にしない〟

自分ができることを精いっぱいするだけでいい

人は、いま、自分のするべきことを精いっぱいすれば、それでいいのです。

動物も植物も、自分の力をいっぱいに使って、いまを生きているだけです。

しかし人間、とくに現代人の多くは、〝いま〟以外のことを考えて生きています。

たとえば、仕事で「うまくいかなかったらどうしよう」と未来のことを心配する。

「失敗したから、上司に失望されたかも」と過去や他人のことを心配する……。

一見、仕事熱心のようで、〝いま、するべきこと〟に集中できていないのです。

「みんなによろこんでもらうために、精いっぱいやろう」と考えて専念するなら、それは〝いま〟を生きているということです。

時間を忘れるほど夢中でなにかをやった経験は、だれでもあるでしょう。

〝いま〟に集中しているとき、いちばん力が発揮されていて、もっともいい結果につながります。逆に言うと、気にすることがなければ、普通に集中できるのです。

仕事の締め切り前にものすごい勢いで完了したとき、テストに一夜漬けで臨んだときに、「自分にはこんな力が残されていたのだ」と、ある意味、感動することがあります。

力が出てくるのは「やるしかない」と腹をくくり、それだけに集中したからです。

一方でその前段階は「あとでやればいい」と怠け心が起きたり、ほかのことに気が散ったりして、いまに集中できないために、著しくパフォーマンスが落ちるのです。

意識というのは、一度にひとつのことにしか向けられません。

そして、ころころと移り変わっていきます。

だからこそ、「いまはこのことだけ」と意識することが大事です。

「精いっぱいする」というのは、必死になるということではなく、肩の力を抜いて「いま、目の前のできることに集中する」という姿勢です。

私たちのいまの状態は、過去の一瞬一瞬の行動の積み重ねで成り立っています。

そして、いまの行動は、未来の自分になっていきます。大切なことは、「いま、大切なことに目を向けること」、それだけなのです。

「とりあえず」という軽い気持ちで始めよう

「いまに集中することが大事だとわかっているけれど、それができない」という人もいるかもしれません。やろうと思っても、腰が重くてなかなか始められなかったり、やり始めても、ついほかのことに手を出してストップしたり……。

とくに「やり始める」ということに、抵抗がある人は多いでしょう。私もその一人。仕事や片づけ、読書など、好きなことであっても、面倒だと思うことが多々あります。

脳内の「やる気」というのは、なかなか動き出してくれない性質があるのです。最初の一歩を踏み出してみると、脳は活性化して、動きやすい状態になります。

気がのらないときに私がやっているのは、「とりあえず5分ルール」。

「とりあえず、5分だけやってみない？　あとはしなくてもいいから」と自分に声をかけて、簡単なことからやってみる。すると大抵は、10分、20分とやってしまう。気づけば1、2時間、あっという間に経っていることも。

しばらく集中したいときは、キッチンタイマーをセットして、ジリリリ……と鳴るまでほかのことはしないことにします。途中で「あれもするんだった」と雑念が浮かんできたら、メモをして、あとでやればいいのです。

新しい仕事でも趣味でも、恋愛でも、「あそこが気に入らない」「うまくいかないかも」とグズグズ考えて始められないときは、「とりあえずルール」でやってみることをおすすめします。「とりあえず」という柔軟な姿勢なので、うまくいかなくても、「まぁ、こんなこともある」と、それほど引きずらずに次に進めます。

最初は気乗りしないで始めたアルバイトから管理職まで上りつめたり、「ちょっとつき合って、嫌ならやめよう」とスタートした恋愛の相手が夫になり、何十年も連れ添ったり、ということは山ほどあります。「自分に合った仕事を探さねば」「素敵な相手と結婚をせねば」と頑なな姿勢では、なかなか始めることができず、運よく始めたとしても、そうでなかったときのショックが大きいでしょう。

「案ずるより産むがやすし」。一歩を踏み出せないときは「とりあえず、とりあえず」と自分に声をかけてください。

今日の幸せは、今日、丁寧に味わう

「いまを精いっぱい生きる」というのは、「いま、目の前のことに集中する」ということだけではありません。もっと大切なことがあります。

それは、いまある〝幸せ〟を丁寧に味わうということです。お母さんが子どもを「さっさとしなさい！」と急かすように、自分を「早くしなきゃ」「ほら、次はあれを……」と追い立てていたら、食事もしっかり味わえないし、幸せを味わう瞬間を見過ごしてしまうでしょう。空を見上げたら、きれいな虹が出ているかもしれないのに。

30代のある女性が、こんなことを言ったことがありました。

「よく丁寧に生きるとか、丁寧な暮らしとかいうけど、忙しい人には無理。丁寧にハーブティをいれているヒマなんかないですよ」

よくわかります。こだわった食材でヘルシーな料理をつくったり、誕生日にケーキを焼いたり、インテリアを手作りしたりする丁寧な暮らしは、私にも無理です。

丁寧な暮らしをすることが素敵な女性の幸せとする呪縛のようなものがあって、生活はどんどん複雑になっていっているように感じます。SNSを見ても「味噌を手作り！」「キャラ弁！」「クリスマスの飾りつけ！」と、ほんとうに忙しい……。

手間や愛情をかけて凝ったことをするのはすばらしいことですが、それで疲れるくらいなら、簡単な料理を笑顔で味わったほうがよくありませんか？

幸せは、なるものでなく、いまあるものから感じとるもの。むずかしいことを無理にしようとすることではなく、生活のなかで「美味しい」「きれい」「嬉しい」「楽しい」「おもしろい」と実感することではないでしょうか。

目の前のことをしっかりと味わおうとするなら、反対にやることは厳選されて、暮らしはシンプルになってきます。「食事を丁寧に味わう」「人の話を丁寧に聞く」「仕事をせっかくだから楽しむ」というように、やっていることを丁寧にすればいいのです。

いまを味わい尽くそうとすると、身のまわりの人やモノが愛《いと》おしく、かけがえのないものに思えてきます。「特別なことはなくても幸せ」と思えたら、幸せの達人。

いまを味わうことに専念すれば、イライラやクヨクヨは吹き飛んでいくはずです。

過去は変えられないが、過去の〝解釈〟は変えられる

生きていれば、思い出したくないような心の古傷がひとつやふたつあるものです。

ふと思い出して、胸の奥がズキンとする。だれも責めていないのに、自分で自分のこと、またはそのことに関わった人たちを責め続けてしまう、というような。

「過去を引きずる」というのは、「記憶の〝解釈〟に反応していること」です。

たとえば、「あんなバカなことをしなければよかった」という後悔は、最初の段階ではその〝行為〟や〝自分自身〟に対する怒りや嫌悪感です。

そこで、なにかしら損害を被ったこともあったでしょう。

しかし、その場を離れて、時間が経ってから、クヨクヨと考えているなら、記憶に対する勝手な〝解釈〟で、新たな感情を生んでいるということです。

記憶は記憶にすぎません。正確な記憶かもあやしく、何度も反芻《はんすう》するたびに勝手に

悲劇のドラマに仕立てていることもあります。

つまり、過去によって不幸になっているのではなく、過去に対する独りよがりな解釈によって不幸になっているのです。

まずは「記憶を勝手に解釈している自分がいる」ということに気づきましょう。

過去はどう解釈しても自由。交通事故で大ケガをして、「あの道を通らなければこんなことには……」と引きずる人もいるし、「生きててよかった！」と考える人もいます。

過去を否定するのは、いまを否定するのと同じことです。

後悔しているときは、勝手に悪いほうに解釈しているので、いい解釈に変えることもできます。これには「おかげで〜〜」をつけて表現するといいでしょう。

「あんなバカなことをしたおかげで、少しはマトモになれた」

「仕事のミスで修羅場をくぐったおかげで、少々のことには動じなくなった」

「親と大ゲンカしたおかげで、親のことを大事に思えるようになった」というように。

かならずひとつは、「おかげさま」があるはずです。

どんなにつらい過去であっても、そのときは、それを選ぶしかなかった。「あれはあれでよかった」と受け入れることができたら、すっきりした気分で前に進めるのです。

反省はピンポイントだけにする

女性は察知力が高いため、ものごとを拡大して解釈してしまうことがあります。

たとえば、仕事でトラブルの原因をつくってしまい、上司から「何年、この仕事をやってるんだ！」と叱られたとします。

すっかり落ち込んで、「なんであんな凡ミスをしたのか」「人からどう思われたのか」「そもそも私はこの仕事が向いていないのかも」などとクヨクヨ余計なことまで考えてしまう……。これは〝反省〟ではなく、不要な心配で自分を傷つけているということ。

おそらく一点か二点、判断ミス、対応ミスがあっただけのことでしょう。「次からは、その点だけ気をつけよう」と反省して次につなげれば、それでいいことです。

また、失恋を「最低な男だった」「つき合ったのは時間の無駄だった」など真っ黒な歴史のように否定する人がいますが、すべてがよくなかったわけではないでしょう。

魅力もあったからつき合っていたはず。「私は男性のこういう行為が苦手なのだ」「ケンカのときは、こうしたらいい」など、そこから学んだこともあるはずです。

「反省」とは、未来によりよい選択や行動をするための〝学習〟なのです。

ところで、私が言わないようにしている言葉のひとつに、「〜〜すればよかった」「〜〜しなればよかった」があります。後悔したっていいことはないですから。

小さなことでは、友人が注文したオムライスを見て「私もそれにすればよかった」というと、自分のカレーが残念に思えてきます。なんとなくおいしくないような気がするかもしれません。これを〝後悔〟といい、あまりプラスの効果はありません。

「次回はあれを頼もう」とひそかに思ったら、それは〝反省〟であり〝学習〟です。

すべての経験は、これからの〝生きる糧〟になるのです。

アインシュタインのこんな言葉があります。

「過去から学び、今日のために生き、未来に対して希望をもつ」

ここで言う〝過去〟は自分だけでなく、人類全体の〝過去〟なのでしょう。

自分の経験やまわりの人の経験、人類の経験は、偉大な教科書です。きっと、いまを生きていくための知恵や、幸せになる基本的なスキルはすべて詰まっているのです。

人への恨みはさっさと捨てる

〝恨み〟という感情ほど、根深くて、引きずるものはありません。

一時的な〝怒り〟と違って、〝恨み〟はずっと続きます。

癒えていく〝悲しみ〟と違って、〝恨み〟は増幅されていくこともあります。

自分の問題である〝後悔〟と違って、〝恨み〟は相手がいるからやっかい。相手を許せなくて復讐したい、それができなければ、不幸になってほしいとさえ思います。

子どものころに同級生からいじめを受けたこと、親や先生が守ってくれなかったこと、恋人から裏切られたこと、友人から騙《だま》されていたこと、上司から退職に追い込まれたことなど心の傷を受けたり、人生の道筋が変わったりしたこともあるでしょう。

しかし、どれだけ恨んだところで、相手はノーダメージです。

こちらは自分の感情をぶつけようがなくて、腐敗した毒ガスのように体中をかけめぐり、自分自身がダメージを受け続けているような状態なのです。

この毒ガス、実際は自分でつくり出していることに気づかないかぎりは。

白状すると、私も人を恨んだことがあります。

ずいぶん前になりますが、「あの人さえいなければ」「あのことさえなければ」と、相手を許せない気持ちを引きずっていました。どう考えても自分には非がないのに、自分が不幸に追いやられて、相手は無傷でいることが理不尽に感じられたのです。

でも、恨みが長期化しそうなときにふと思ったのです。もしかしたら、相手ではなく、相手を恨んでいることが、自分を不幸にしているのでは、と。

そう考えたら、不幸のままでいることがバカバカしくなってきました。自分の人生をいいものにしなければ、なんとなく悔しいですし。

相手を許す、許さないはどうでもよくて、気にしなければいいことです。「これ以上、貴重な人生の時間を無駄にしたくない」と思ったことが、恨みへの決着でした。

毎日の生活のなかでも、まわりの人に恨みがましい気持ちになることはあるもの。

そんなときも、「自分で自分を苦しめない」「大事な時間を無駄に消耗しない」と考えたら、前を向けるのではないでしょうか。

ほどほどの不安が最高のパフォーマンスを生む

どうやら女性は、不安な気持ちになりやすい生きもののようです。

古来、自分や家族を守って、変化に順応しながら生きてきたので、まわりの危険、これからの危険など、さまざまなものへの察知力が高い。〝不安〟は、危険を察知するための、いわば警報システムで、それが男性よりも優れているのです。

私たちは、生活のなかで、多かれ少なかれ不安を感じながら生きているものですが、それは、不安が必要な感情だからでしょう。

だから、「不安になってはいけない」と思わなくてもいいのです。不安は「いまのままでは危険性もあるから気をつけて！」というメッセージと受けとって、ちゃんと向き合ったほうが、うまくつき合っていけます。

たとえば「スピーチができるか不安」というときは、「いまはうまくいかないこともありそうだから、万全に準備したほうがいい」ということです。「健康が不安」というときは、「何かしら手を打ったほうがいい」ということでしょう。

不安に目を背けていると、だんだん大きくなってくるもの。なにかしら、手立てを打ったり、動いたりしているうちに見通しが立って安心できるようになります。

不安を無理に消そうとするより、不安を生かそうと考えたほうがいいでしょう？

ただし、この不安、ありすぎても、反対になさすぎても、動きが鈍ります。

私はいつも締め切りの不安ストレスを抱えていますが、「まだまだ時間はある」と思って放置していると、緊張感がなくなってあまり仕事が進みません。締切日が迫ってきて、ストレスで押しつぶされる状態になっても、気が急いていい仕事ができません。〝ほどほど〟のストレスがある状態が、いちばんいいパフォーマンスを生むのです。

不安とのつき合い方は、ここのところを押さえておいてください。

仕事、人間関係、家族の問題など、なにか不安を感じたら、それを大事に守ろうとしている証拠。まずは「何が不安なのか？」と向き合ってみるといいでしょう。

そして、それに対して、〝ほどほど〟の危機感になるように、手立てを打っていく。

不安は「いま、なにをするべきか」をおしえてくれる感情でもあるのです。

「ものすごく不安＝ものすごく大変」とはかぎらない

前項で〝ほどほど〟の不安がうまくつき合っていけると書きましたが、「いえいえ、ものすごく不安なんですけど」という人もいるでしょう。

それでは、いまの不安をレベルで確認してみましょう。10をマックスとして、1〜10のレベルでみると、どのレベルですか？　急激に不安が押し寄せてきたときは8とか9、漠然と不安がっているときは4、5などいろいろあるでしょう。

しかし、この不安レベル。実際は自分が考えているほど、恐ろしいものではないことがあります。「ものすごく不安＝ものすごく大変」とはかぎりません。

「大変だー」と考えたとき、すぐさま次のように疑ってみるといいでしょう。

「うわ、不安が8レベル。でも待てよ。もしかしたら、そんなに大変じゃないかも」

自分がものすごく大げさに考えているだけで、これは単なる妄想なのだと考えてみるのです。それだけでも不安レベルが下がってきます。

不安になっているときは、「これができないと大変なことが起きる」と思っていますが、やることをやってさえいれば、大変なことはそれほど起こりません。

たとえば、「将来のお金」について漠然と不安がっているときも、まわりの「老後は2千万円の資金が必要」という情報や「あの人はしっかり貯めている」という比較など、まわりの雑音で不安になっていることがあります。

身の丈で暮らして、いざというときの準備をいくらかしておけば大丈夫でしょう。万が一、無一文になっても、現代の日本で命まで落とすことはありません。

さまざまな不安にかられたら、次の3つの言葉を自分にかけてあげてください。

「いやいや、そんなに大変じゃないから」

「やることをやっていれば大丈夫だから」

「万が一、最悪なことが起きても命までとられることはないから」

多くの不安は、危険を現実よりも大きく見積もっているものです。

不安となっている危険を大げさに考えず、かといって軽視せず。現実と向き合ってちゃんと対処すれば、心の整理ができるのです。

身の丈の暮らしが、幸せを守るカギになる

人間の〝欲〟というのは、すばらしいものです。

欲は、私たちの人生の原動力になってくれます。「こんなことがしたい」「こんなものが欲しい」とパワフルに生きている女性は素敵です。

しかし、社会の仕組みが複雑になって、モノやサービスがあふれている現代では、単なる〝欲〟というより、〝不安〟とセットに欲し続けていることがあるのではないでしょうか。不安というのは、「足りないものを見ている」ということでもあります。

30代のある女性は、共働きでじゅうぶんな収入があるにもかかわらず、生活が苦しいと言います。詳しく聞くと、衣食住だけでなく、車のローン、子どもの塾代、スマホ代、交際費、エステや化粧品代……とたしかに支出が大きく上まわっているのです。

彼女の家にはモノがあふれていて、さらに広い家への住み替えを考えているとか。

これでは、どれだけ消費しても「足りない」、いくら稼いでも「足りない」でしょう。

人間の脳は、欲しがっていたものでも、手に入れた途端に興味を失い、次第に飽きを感じる性質があるといいます。そして「まだ足りない」と欲求し続けるのです。そんな欲求が大きすぎると、その代償として、不安や渇望感を味わうことになります。なにより消費や働くことに振り回されて、いまある幸せを味わえないでしょう。

この負のスパイラルから抜けだす道は、まず「身の丈にあった生活をすること」「人と比べるのをやめること」「自分にとって必要なものをハッキリさせること」。

人と比べるから、不安になるのです。本当に必要なものはそれほどないはず。

そのためのトレーニングとして、家にあるモノを片づけてみるといいでしょう。使っていないモノは処分する。使っているモノ、好きなモノだけを大事にする習慣ができれば、「自分の人生でなにが必要で、なにが不必要か」もハッキリしてきます。

また、いま自分が手にしているものを失ったときのこと考えてみるといいでしょう。いつもと同じ仕事、なかなか増えない収入、なんとなくいる家族、そしてあたりまえにくる明日……。あたりまえが消えた世界を想像してみると、「もっているもの」への見え方が変わってきます。あたりまえがいかに恵まれているかに気づくのです。

「選択肢はいくらでもある」が不安を和らげる

「ひとりで生きていくなら、いまのうちにマンションを買っておかなきゃ」と力説する友人がいました。理由は、「年をとったらローンを組めないし、賃貸マンションは貸してもらえないから、住む場所がなくなる」とのこと。

アドバイス自体には感謝。もちろん、欲しければ買えばいいのですが、「これしか道はない」ということではないでしょう。

全国で8軒に1軒は空き家という時代。「借りてくれるのなら、だれでもいい」という人がいるのも事実です。地方には安価で買える家も、賃貸も山ほどあります。借りられないほどの年齢になったら、老人ホームに入ることもできるし、ひとりの場合は、気の合うおひとり仲間とシェアハウスに住むという楽しい選択もあり。

年齢とともに仕事やライフスタイル、住む場所、家族形態も変わってくるし、その時代に合った選択肢があるはずです。

「選択肢はいくらでもある」と思っていれば、不安はかなり和らぎませんか?

また、「仕事を辞めたいが、再就職先がないから辞められない」とよく聞きます。

人手不足の業種はいくらでもある時代。本当に就職先はないのでしょうか?

事務職はなくても、年齢を生かした営業職や、介護や医療、家事や育児サポートなど、職種を広げれば、さまざまな選択肢があるし、キャリアを部分的に生かすこともできるはず。外国人が増えることに備えて、日本語教師の資格をとったり、孤独な人が増えることに備えて、心理カウンセリングの技術を磨くこともできるでしょう。

自宅でカフェを開く、農村に行って自給自足に近い暮らしをするという道もあるかもしれません。

「選択肢はたくさんある。仕事は辞めたくなったら、辞めてもいい」と最後のカードを用意しておけば、意外にがんばれるもの。肩の力を抜いて続けていけるでしょう。

なにより「選択肢がない」と不安がるより、「選択肢がいくらでもある」という自由な気持ちでいたほうが断然、楽しい。「これからどんなことができるんだろう?」と、死ぬまでワクワクしながら生きていきたいではありませんか。

チャンスがきたら、不安でもすぐさま飛び乗る

「チャンスは準備をしている人に訪れる」とよく言われますが、チャンスはだれにでも訪れる。ただし、〝その人に見合ったレベルのチャンス〟が、ということではないでしょうか。

そして、そのチャンスに飛び乗れるか、怖気《おじけ》づいてやめてしまうかで、次のチャンスのレベルも変わってきます。どうしてチャンスに乗れないかというと、「失敗したら……」「うまくできなかったら……」と結果を考えて不安になるからでしょう。

そう、チャンスというのは、7、8割しか準備していないところにやってきますから。だれでも不安なものですが、〝見切り発車〟でも飛び乗ったほうがいいのです。

たとえば、私はフリーライター時代、雑誌の編集部から「特集ページやってみる？」とチャンスをもらっても不安でいっぱい。自分の実力より2、3割上の仕事だからです。

でも、「頼まれたということは、自分にはできる可能性はあるんだろう」となんとかやって返すと、つぎは「海外取材、ひとりで行ってくる？」というチャンスをもらう。不安になりつつも、なんとかやって返す……と、そんなことをくり返しているうちに、あちこちからチャンスをもらうようになり、いつの間にかこんなこともできるようになった、という場所に押し上げてもらっていたのです。

チャンスのすばらしさは、結果を残せたことより、成長させてもらうことです。

もちろん、チャンスをうまく生かせないこともありますが、それでも、やればやったで学びがあり、次のチャンスが巡ってくる。大事なのは、「やってみたい！」というチャンスがきたら、不安を抱えていても、すぐさま飛び乗ることです。

どんな仕事でも、コツコツやっていれば、見ている人はいて、「こんなことやってみる？」「こんな人を紹介しよう」と引き立ててくれる人が現れます。

だから、人間関係も〝準備〟のひとつ。まわりの人を大事にしたり、頼ったり頼られたりしているうちに、チャンスも生まれてきます。私たちが日々やっていることは、つねに〝本番〟であると同時に、明日への〝準備〟なのです。

「自分を信じる力」が、「気にしない力」を磨く

自分自身を信じていれば、まわりの目も、うまくいかないことも、過去の後悔や未来の不安も気にならなくなるのでしょうが、それが、できないのが人間というもの。

では、どうすれば自分を信じることができるのでしょう?

「自分ならできると信じる」「自分は優れた価値がある」ということでしょうか。

たとえば、「試験が合格すると信じる」「恋愛がうまくいく」というように、自分にそんな力があると信じることはエネルギーになり、ものごともいい方向に進むはず。

しかし、「試験が合格する」と信じて不合格だったら、自信をなくすでしょう。

「恋愛がうまくいく」と信じて裏切られたら、絶望してしまうかもしれません。

また、自分のいいところを見て「私は仕事をがんばっている」「見た目も年齢より若い」「性格もいいと言われる」と考えることも、ひとつの自信になります。

しかし、自分のよくないところが見えると、たちまち自分に失望してしまいます。本当の自信とは「能力があるから」「優れた価値があるから」という〝条件つき〟のものではありません。

心の奥のどこかで「どんな自分でも、なんとか生きていける」と信じることではないでしょうか。この自信がベースにあってこそ、能力や価値に対する自信も生きてきます。まわりの目や後悔や不安を気にせず、伸び伸びと振る舞うことができて、万が一、うまくいかなくても、それはそれとして、しょうがないと受けとめて進めます。

そんな本当の自信をもつためには、単純なようですが、「嬉しい」「楽しい」「幸せ」「私はこうしたい」といった自分の素直な〝感覚〟や〝思い〟を信じること。そして、「自分がいま生きていること自体に価値がある」と信じることなのだと思います。

幼い子どもは、恐れや自分への不信感がなく、ただ好きな方向を目指して、前に前に進もうとします。いま、そんな気持ちに戻ることはむずかしくても、大人は、生きる知恵をつけることはいくらでもできるし、人生のすばらしさを信じる力があります。

信じるとは〝希望〟をもつこと。なにがあっても、だれがなんと言おうと、どんな自分であろうとも、自分の心の声を大切にして、生きていくことではないでしょうか。

いいことだけを想像して、よくない想像は排除する

前項でうまくいかない自分も信じることが大事だと書きましたが、誤解のないよう付け加えると、「最初からうまくいかないことを想像する」ということではありません。

結果的にそうなるのは仕方ないとして、やるからには「きっとうまくいく」と、ひたすら思いが叶うことを楽観的にイメージしたほうがいいのです。

スポーツ選手が「負けるかもしれない」と考えた時点で負けでしょう。「かならず勝つ」と考え、そのためのイメージを膨らませるはずです。

人生の舞台に上がるのにも、「私は、いつもうまくいかない」と悲劇をイメージしていたら、実際にそうなる。「なんのかんのいって、私は案外、うまくいく」とイメージしていたら、ハッピーエンドのドラマが展開されるでしょう。

想像力が人生をつくるといっても過言ではないのです。

私は「想像して、信じたことは現実になる」、つまり、想像したもの勝ちだと、信じているのです。大人は、実現の可能性が0％のことは、真剣に考えませんから。能力を考えると普通に無理そうなことも、根拠はなく「やることをやりさえすれば、うまくいくはず」と〝信じたいほう〟を選んできました。思いどおりにいかなかったことも山ほどありますが、その時点では、自分の手には負えない課題だったのでしょう。ただ、信じるほうを選ばなかったら、奇跡的なことも叶わなかったと思うのです。

思いが叶ったときのことを映画のワンシーンのようにありありと想像し、一日に何度も「そうだ、こうなるのだ」とそのことをインプットしていると、自然にそうなるための行動をとり、そうなるための情報やサポートが集まってきます。

不安があれば、それを解決する方法を考えればいいことです。

心配事の多くは、取り越し苦労。「うまくいかないかも」と考えて進むのは、プレーキを踏みながら進んでいるようなものです。なにより、できるだけいい想像をしていたほうが、明るい気持ちで毎日を過ごせるはず。

本当は目的を実現することが目的ではなく、それに向かって目の前のことに夢中になったり、喜びを味わったりする一瞬一瞬のとき自体が目的なのかもしれません。

自分の花を咲かせるだけでいい

蓮《はす》の花だけを描いている画家に逢うことがありました。

どの絵もすばらしくて感動していると、彼はこうつぶやきました。

「花はつぼみでも、咲き誇っていても、枯れていく状態でも、うつくしい。自然のすがたは、すべてが完ぺきにうつくしいものだ」

自然のなかには、消極的なものはありません。

どんな状態でも、前へ前へと積極的に進んで、命をまっとうしていきます。

私たちの本当の心のすがたも、もともとはそうなのだと思ったのです。

そんな積極的な心を妨げてしまうのが、なにかを恐れてクヨクヨと気にする心です。

つまらないことで怒ったり、人を恨んだり、まわりと比べて引け目を感じたり、未来を不安がったり。気にすることは、なにかの危険性を知らせてくれますが、そこに執着すると、まるで毒がまわるように心を蝕《むしば》み、体も蝕んでいきます。

本当は、シンプルに自分の花を咲かせようとするだけでいいのです。

自分の道を、顔を上げて、しゃんと胸を張って、笑顔で歩いていくことでしょう。

「自分の花」とは、人それぞれ。自分のやりたいことを叶えること。まわりの人を幸せにすること。よりよい人間になること。毎日の幸せを実感すること……。どんな目的でも「自分にはできることがある」と積極的な気持ちで毎日をコツコツと重ねていけば、自然に花が開くのだと思います。まわりの力に助けられながら。

心を積極的にするいちばんのヒケツは、単純なようですが、「ありがとう」を忘れないことと、感動したりおもしろがったりしながら、笑顔で毎日を送ろうとすることのように思います。感謝と笑顔があるとき、怒りや恐れの感情は吹き飛んでいます。

あなたが微笑《ほほえ》めば、世界も微笑んでくれます。

心配しすぎなければ、本来の気高い心で、いまを生きられるようになります。

そのままの自分で、大輪の花を咲かせることもできるのです。

あなたの命をどうぞ生かして、うつくしいものにしていってください。

■著者プロフィル

有川真由美（ありかわ・まゆみ）

作家、写真家。鹿児島県姶良市出身。熊本県立熊本女子大学生活科学部生活環境学科卒業、台湾国立高雄第一科技大学応用日本語学科修士課程修了。化粧品会社事務、塾講師、衣料品店店長、着物着付け講師、ブライダルコーディネーター、フリー情報誌編集者など、多くの職業経験を生かして、働く女性のアドバイザー的存在として書籍や雑誌などで執筆。46カ国を旅し、旅エッセイも手がける。内閣官房すべての女性が輝く社会づくり推進室「暮しの質」向上検討会委員（2014-2015）。日本ペンクラブ会員。著書に『一緒にいると楽しい人、疲れる人』（PHP研究所）、『感情に振りまわされない――働く女《ひと》のお金のルール』（きずな出版）など多数ある。

■カバーデザイン：大場君人

「気《き》にしない」女《ひと》はすべてうまくいく

発行日　2020年　1月10日　第1版第1刷
　　　　2024年　6月25日　第1版第21刷

著　者　有川《ありかわ》　真由美《まゆみ》

発行者　斉藤　和邦

発行所　株式会社　秀和システム
〒135-0016
東京都江東区東陽2-4-2　新宮ビル2F
Tel 03-6264-3105（販売）Fax 03-6264-3094

印刷所　日経印刷株式会社　Printed in Japan

ISBN978-4-7980-5769-9 C0030